子どもを「その他大勢」しない学級づくり

川端裕介 著

明治図書

まえがき

「その他」の中にある多様な豊かさを大切にする

学級に「その他大勢」のような存在になっている子どもはいないか？
子どもを「その他大勢」扱いするのは仕方がないとあきらめていないか？

これは、私が教師として大切にしてきた問いです。学級には、いろいろな子どもたちがいます。その中の一部はリーダーシップを発揮する子どもです。また、問題行動が見られる子や、できないことが気になる子など、教師が意識を向けやすい子どもたちです。

一方で、目立つ行動をせずに、教師にとってあまり手のかからないと感じる子どもたちがたくさんいます。その子どもたちを「その他大勢」のように扱って、かかわるのを後回しにして放っておくことがあるかもしれません。そうすると、一人一人の子どものよさを学校生活の中で伸ばすことが難しくなります。また、子ども主体の様々な活動を行うことを目指しても、子どもたちのよさを生かして協働する体制が整いません。

そもそも、統計で使う「その他」は同じものの集まりではありません。割合が小さい内容をまとめた表現です。学級で「その他大勢」扱いをされる子どもたちも同じで、一人一人が多様な価値を秘めていないだけです。教師が子どもの豊かな価値に目を向けていないだけです。

子どもを誰一人置き去りにせずに、子どもたちが持ち味を磨ける環境を整えるにはどうしたらよいのでしょうか？　子どもたちを「その他大勢」扱いせずに、一人一人が持ち味を発揮しながら協働する学級は、実現できるのでしょうか？

学級づくりではリーダーの育成や手のかかる子どもの生かし方が注目されがちです。実は、学級づくりの鍵になるのは目立ちにくい子どもたちを「その他大勢」にしないことであると考えます。「その他」ではなく、「この子」としてかかわることを大切にすべきです。本書は、このような問題意識に基づいています。

子どもの協働を促す環境と関係をつくる

教師は多忙です。すべての子どもと向き合う時間的・精神的な余裕はないかもしれません。私は、現場で奮闘する先生方の学級づくりを批判して追い詰めるつもりはありません。

逆に、子どもたちの力を借りて学級づくりを行うことが、教師の過度な負担を軽減し、子どもたちが「自分たちの学級」という意識をもって自治的に活動する端緒になります。リーダーとして期待していた子どもが育たなかったり、手のかかる子に振り回されたりして、学級経営に行き詰まりを感じた時こそ、「その他大勢」扱いをせざるを得なかった子どもに目を向けましょう。一人で何人もの子どもを育てようとするのではなく、子どもたちが育つ環境を整えます。子どもが協働してお互いのよさを磨き合うようにします。

子どもが伸び伸びと育つためには、教師がすべての情報を把握して、厳しく締め付けて管理することは勧めません。ゆるやかにつながる関係性を基盤として、温泉のようなぬくもりを感じる学級を目指します。教師は子どもたちをやわらかく包み込むようにします。また、教師が「その他大勢」扱いをしがちな子どもたちは、強いリーダーシップをもっているわけではありません。だからこそ、子ども同士がつながり合うようにします。リーダーの子どもや、他の子どもたちと連携できるフォロワーを育てます。フォロワーは仲間を支え、励まし、仲間と共に進み、時には建設的な批判をします。子ども同士が私的な仲のよさに関係なく、仲間として協働できる仕組みづくりと教師のかかわりが鍵になります。

本書では、Chapter 1で「その他大勢」の子どもが学級に生まれる原因と背景について考えます。教師が「よかれ」と思って指導した結果、「その他大勢」扱いされる子どもが出てくる問題についても取り上げます。

Chapter 2では、子どもを「その他大勢」にしない教師のかかわりについて、十個のポイントを紹介します。教師としての問い・目・言葉・手・足・体などの視点から、子どもたちを包み込むような教師のあり方について考えます。

Chapter 3では、「その他大勢」にしない学級づくりについて考えます。キーワードは「温泉」、「リーダー・フォロワー・サポーター」、「変動的なシステム」です。

Chapter 4では、時期と場面に分けて学級づくりのＮＧとＯＫについて考えます。後半では学級で起こりやすいつまずきを取り上げ、子どもの力で乗り越える方法を考えます。

本書で示す考えや実践はすべて、現場にいる子どもたちを通して考えたものです。「これが正解！」と言い切るものではありません。本書の内容が現場で奮闘する先生方の元気の源になり、充実した気持ちで教室に向かう力になれば幸いです。

二〇二四年二月

川端　裕介

もくじ

Chapter 1
なぜ学級に「その他大勢」の子が生まれるのか

Chapter 2
子どもを「その他大勢」にしない教師のかかわり　10のポイント

Chapter 3 子どもを「その他大勢」にしない学級づくり 10のポイント

Chapter 4
NG×OKで考える 子どもを「その他大勢」にしない学級づくり

時期別の学級づくり

その他の活動・行事

場面別の指導

Chapter 1

なぜ学級に「その他大勢」の子が生まれるのか

01

「その他」の多様性に目を向けない

「その他」の中身を見ようとしない

その他の便利さに流される

学校に通う子どもたちは、一人一人がかけがえのない存在です。一人として同じ子どもはいません。この意見を否定する人は、おそらくいないでしょう。しかし、実際には、学級の子どもに対して「その他大勢」のような見方や接し方をしてしまう場面があります。そのように子どもを雑に扱うことに対して「けしからん！」と批判するのは簡単です。しかし、原因を分析しなければ改善にはつながりません。そこで、「その他大勢」という見方に陥ってしまう原因について考えたいと思います。

私は社会科が専門ですが、地理や公民の統計では、「その他」という表現は、とても便利なものです。あるテーマについて情報を収集してグラフにする時に、全体に占める割合が少ないデータを「その他」でまとめることで、グラフが見やすくなります。そして、「その他」以外の特色に目が行きます。

一方で、問題もあります。「その他」にまとめると、どんなデータの集まりなのかは、見えなくなります。効率性や利便性は増す反面、具体性や多様性を損なうと言えます。

学級の子どもたちに当てはめると、教師の印象で子どもを分類して、かかわる時間に差をつけることにつながります。例えば、生徒指導上の課題が大きい子どもや、丁寧な支援が必要な子どもなど、目立つ子どもに対応を優先する場合があります。そうすると、手のかからないように見える子どもに対して「目を離しても大丈夫」と思い込み、接する時間が減るおそれがあります。

また、学級のリーダーとして活躍する子どもを育てることに力を入れて、学級全体では目立ちにくい子どもとのかかわりを後回しにしてしまうことがあります。上のグラフのような状態です。教師が特定の子どもに時間や手間をかけようとした結果、その子ども以外を「その他の子ども」と捉えてしまうと考えられます。

学級の子どもたちを教師の主観で分類して，「その他」扱いしてしまう

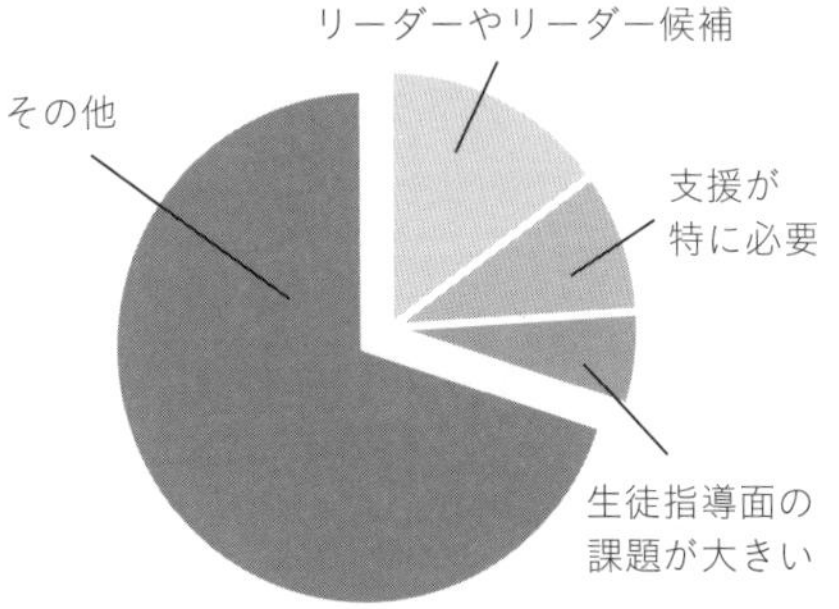

「その他」の子どもを生み出すことで、手のかかる子や手をかけたい子に対して、担任はかかわる機会を確保できるかもしれません。その陰で、「その他」とされた多くの子どもたちは、成長の機会を失います。集団としての学級の成長を阻むことにつながります。

子どもたちをひとくくりにまとめない

グラフで「その他」の欄をつくると、どんなデータの集まりなのかわからなくなります。学級の子どもたちの場合も同じです。教師が「その他大勢」の子どもたちと認識してしまうと、一人一人の子どもの実態を見る目を曇らせます。

「手のかからない子」「リーダーではない子」という否定形で子どもを見てしまうことはないでしょうか。「〜じゃない子ども」という見方は、子どもの特徴を表す表現ではありません。「それじゃあ、どんな子なのか？」と自問自答して、一人一人の子どもに焦点を合わせるようにしましょう。

また、「その他」でまとめられた子どもたちは、類似した特徴をもつわけではありません。問題を抱えているのに教師が捉えていない場合や、自主性に富んだ子どもで教師の手助けを必要としない場合、秘めた力を学級で出したがらない場合など、様々な可能性が考えられます。「その他」でひとくくりにしては、子どもたちの多様性を発見できません。

子どもは「その他」扱いを感じ取る

「～じゃない子」や「その他大勢」のように扱われていることを、子どもは敏感に察します。そして、教師や学級に対して、次のような感情をもつ可能性が高まります。

・「その他」扱いされたことで、教師に対する不満と不信を募らせる
・「その他」扱いされたことで、教師や学級の仲間に対して無関心になる

まず、教師の公正ではない姿勢に対して「自分を見てくれない」「あの子ばっかりひいきをしてずるい」などの不満をもつようになります。それは、不信につながります。

また、教師が関心を向けずに「その他」扱いされた子どもは、教師への関心を失い、学級の所属感をもてません。「この学級では、自分が大切にされていない」と感じるからです。担任をしていると、四十人近い子どもたちに、同じかかわりをすることはできません。

しかし、特定の子どもだけに力を注ぐと、学級づくりがうまくいかない難しさがあります。

02

子どもを評価するものさしが少ない

一つの基準で一人が評価する

対話を省くと一面的な見方になる

私たち教師は、あらゆる場面で子どもを評価します。すべての行動に成績をつけるわけではありません。学校生活に加えて、家庭での様子や校外での遊び方についてまで、「望ましい姿」という基準を設定して、そのものさしに沿って子どもの現状を判断します。判断した結果に合わせて、ほめたり叱ったりします。励ましたり助言をしたりすることもあります。学校は評価で溢れています。

評価すること自体を否定するわけではありません。適切な評価は学習指導や生徒指導の要です。「評価」という言葉に引っ掛かりを覚える人でも、アセスメントとフィードバックという言葉を使えば、納得することもあります。

問題は、評価のものさしが少ないことです。学習であれば、現行の学習指導要領では三つの観点で評価すると定められています。ペーパーテストで知識だけを評価して成績を付けることはあり得ないはずです。しかし、学級経営や生徒指導になると、教師が望む子どもの姿という狭い基準に沿って、無自覚に評価してしまうことがないでしょうか。

子どもは多様で複雑な姿を見せる存在です。そのすべてを理解するのは、不可能です。しかし、子どもを理解しようとして、教師が評価しやすい面だけを見ていることはないでしょうか。教師が見たい面しか見ないと、子どもの評価は一面的になります。

評価のものさしが少ないのは、一人一人の子どもに対してだけではなく、集団に対しても当てはまります。例えば、「みんなが安心して過ごせる学級」を目指すとします。安心できる学級づくりは、私も大切にしています。否定するのが難しい言葉であるとも言えます。しかし、安心できる学級の姿はとてもあいまいで、多様な解釈が成り立ちます。そこで、安心できる学級の姿について子どもたちと対話します。対話の中では、教師にとって意外な主張が見られるはずです。安心できる学級の姿を、学級のメンバーである子どもたちと一緒に具体的にイメージし、学級として合意を図ります。

その対話の過程を省いてしまうと、「教師の考えによる、教師と子どもにとって安心できる学級」というものさしで学級を見てしまいます。出来上がるのは、教師にとっては安心できても、子どもにとっては居心地のよくない学級かもしれません。

複数の目で見ても基準は一つになりがちである

学校では、複数の教職員の目で子どもを見ます。しかし、見る目が複数でも、ものさしが一つであれば、子どものよさを見取ることができません。

上の図のような状況です。ものさしが複数でも、尺度はすべてセンチメートルです。長さをより正確に測ることはできますが、他の面はわかりません。質的に異なる方法でなければ、評価はかえって固定化します。

形はちがっても，結局は同じ尺度で子どもを評価している
3 2 1 0

子どもはものさしに合わせた行動をする

子どもたちは、教師集団のものさしを察します。中学生はもちろん、小学生であっても教師の言動から「この場では、どのような行動が望まれるのか?」を理解します。しかし、理解はしても、実際に子どもが教師の望む行動をするわけではありません。子どもの動き

として、次の三つのパターンが考えられます。

- **「優等生」化**…教師の意図を汲んで、ものさしに合わせて行動する
- **「その他大勢」化**…教師の意図は理解するが、行動はできずにおとなしく過ごす
- **「問題児」化**…教師の意図に対抗して、自分のものさしに従って行動する

すべてカッコを付けていますが、優等生・その他大勢・問題児という見方は、教師のものさしに沿った一面的なものです。教師が望む行動が多ければ「優等生」に見えます。しかし、望むような行動をしたくない時や、できない時はたくさんあります。そうすると、教師からすれば、評価する場面が減って「その他」扱いをしてしまう子どもが出てきます。教師とは異なる基準で行動する子どもに対しては「問題児」や「手のかかる子」というレッテルを貼ってしまうおそれがあります。ものさしの少なさが、学級経営を難しくする原因となります。

以上のように、子どもを評価するものさしが少ないと、学級で子どもが成長する機会を奪ってしまいます。子どもたちにとっても、集団にとってもよくない結果を生みます。

03

手のかかる子で手一杯になる

多忙さが視野を狭める

できている子どもに目を向ける余裕がない

担任をしていると、約四十人の子どもを一人で見るのが基本です。昔、先輩から「一日の間に一度は、学級のすべての子どもとコミュニケーションをとりなさい」と言われ、挑戦し続けていました。しかし、中学校では担任の教科が入らない日もあるので、一人一人とコミュニケーションを図るのは簡単ではありません。あいさつやちょっとした会話だけになってしまう時もあります。学級の子ども全員と、同じだけかかわるのは困難です。

また、手のかかる子と接する時間は否応なく長くなります。他害傾向がある子や集団に馴染めていない子、元気が有り余っている子などに優先して対応しなければいけない場面はたくさんあります。学習を苦手にしていて、個別指導や補充的指導が必要な子もいます。

苦労は多くても、なかなか成果は出ないことがあります。それでも、その子のできることが少しでも増えれば、手をかけた分だけ、教師としての達成感は格別です。

ただし、特定の子どもに手をかければ、他の子どもを放っておくことにつながります。そんな時に、テキパキと行動をし、学習課題を難なくクリアする子どもの存在は、教師にとってはとても助かります。教師はその子を優等生タイプのリーダーとして目をかけることでしょう。「できる」子どもを、私たちは味方にしたくなる誘惑が働きます。

問題は、すごく手がかかるわけでもなく、すごくできるとも言い切れない子どもたちです。教師が個別に支援をしなくても、ある程度は集団のルールを守ります。学習面では、少し物足りない部分はあっても、ある程度の成果を出します。そのような中間層の子どもたちを、教師は「その他大勢」として捉えてしまうことがあります。かかわりが薄くなり、賞賛の機会は減ります。

教師としては限られた時間で精一杯のかかわりをしているつもりでも、子どもの受け取り方は違います。手間をかける余裕がないのは確かですが、それは学校や教師の都合です。子どもが学校の都合を理解して受け入れるとは限りません。「その他大勢」扱いをされて、「放っておかれている」と感じる子どもだっています。教師とのかかわりが薄くなって、信頼関係を築くことができない場合があります。注目を浴びようとして「手のかかる」行動を増やし始めるかもしれません。学級経営がいっそう難しくなります。

手がかかる子を担当する特別感は危ない

手のかかる子どもを担任したり、「大変」とされる学級や学年の所属になったりした時の心身の負担は、とても大きくなります。その負担感が転じて、「自分（自分たち）は学校で鍵となる仕事をしている」という意識が芽生えることがあります。そうでも思わなければ、やっていられないほど大変な仕事であるとも言えます。

しかし、特定の子どもとかかわることによる特別な意識は、学級づくりには負の影響を及ぼします。他の子どもにかかわる時間がないという状況に置かれ、教師自身にも他の子どもとかかわろうとする意識が低下するからです。

子どもは誰もが特別な存在です。表に出すか出さないかは別にして、すべての子どもには願いがあります。その当たり前のことを見落とすと、信頼関係の構築が難しくなります。また、「その他大勢」として扱うと、教師の適切な働きかけによって伸びたはずの力が発揮されないままになります。それは、子どもにとっても集団にとっても大きな損失です。多くの子どもたちの個性を無駄にして、成長の機会が失われています。個別の支援が必要な子どもに手をかけつつ、他の子どもを見捨てないという難しいバランスが求められます。

迅速な判断が拙速になる

手のかかる子どもに引っ張られて、学級全体が落ち着かない雰囲気になり、教室で問題行動が次々に起こることがあります。そうすると、とにかくスピード感をもって手を打ちたくなります。それが拙速な対応になると、次のような判断ミスが生じます。

- ・正確な事実確認をせずに、思い込みで指導をする
- ・早く解決しようとして、強い言葉やペナルティに頼った対応をする
- ・子どもに納得感がないままに、対応を終える

一つ目は、事実確認と指導を分けないミスです。教師の思い込みが入りやすくなります。二つ目は、強い指導や罰を前面に出した対応です。子どもは怖さや冷たさを感じます。三つ目は、子どもの言い分の聞き取りや、指導の理由の説明が不十分なままに対応を済ませることです。子どもは腹落ちしません。いずれも拙速な対応によって、手のかかる子だけではなく、他の子どもとの信頼関係にヒビが生じて学級づくりが難しくなります。

04 良い子ばかりに頼る

都合の良い方に流される

「良い子」は都合の良い子になる

学級担任は一人で四十人近い子どもと向き合います。教室で日々忙しく過ごしていると、孤独を感じて味方を探したくなる時があります。そのような時に、「先生大変でしょ?」と気遣って協力してくれる子どもがいると助かります。「なんて良い子なんだ」と感じる瞬間です。しかし、「良い子」に頼った学級づくりは、やがて行き詰まりやすくなります。

その理由は、次のように三つあります。

・「良い子」を基準に他の子どもを低く評価して「その他大勢」をつくる
・「良い子」とされる子どもに教師が依存し、子どもも教師に依存する
・ボス的なふるまいをする子どもが現れて、学級の秩序が悪い方向に変化する

一つ目に、「良い子」は往々にして「都合の良い子」だからです。子どもは教室の中で、様々な姿を見せます。その中で、担任の指示通りに動き、担任のねらいに応える動きばかりを「良い」と判断してしまうと、プラスに評価する子どもは限定されます。そのような担任にとって都合が良い子は、「良い子」として認められます。他の子どもたちは、問題行動が続けば「手のかかる子」と認識されます。「良い」行動も問題行動もなければ、「その他大勢」として認識されます。

そうすると、優等生タイプの子どもたちはテキパキと動いても、他の子どもは付いていきません。学級の一員として認められる経験が少ないと、学級のために動く必要感をもてないからです。集団としてはゴールに向かって進むことができず、バラバラになります。

頼ることが依存になる

「良い子」に頼った学級づくりが行き詰まる理由の二つ目は、教師と「良い子」がお互いに依存するからです。結果として学級の分断を招きます。

教師は「良い子」と認識する子どもに頼りきりになります。頼られる子どもには重圧です。他の子どもから「先生にひいきされている」と冷たい目で見られることもあります。

教師から「その他大勢」扱いされる子どもは、学級への所属感が弱くなります。そうすると、学級のために努力する「良い子」に対して厳しい見方をします。そして、担任に協力しなかったり、反発したりする場合もあります。そうなれば、**担任はますます「良い子」に頼るようになる悪循環**が起きます。

また、「良い子」とされる子どもの側にも問題が起きます。教師の期待に応えて認められると、教師への信頼感が増していきます。ただし、過度にほめられ続けると、教師に依存するおそれがあります。その結果、教師に協力しようとして「○○さんがルールを守っていない」と教師に言いつける行動が増えます。

しかし、他の子どもにとっては面白くありません。「あいつ、先生にチクって媚び売っている」という陰口を言われるおそれがあります。学級が分断されて「良い子」は孤立し、「○○先生しか頼る人がいない」と依存度を強める可能性もあります。

依存度が強まると、進級で担任が変わった時に「自分はがんばっているのに、この先生は認めてくれない。○○先生は認めてくれたのに…」と思う子が出てきます。その結果、「良い子」として優等生的なふるまいをしていた子どもが目立たなくなります。特定の教師の期待に応え続けた結果、成長が止まってしまいます。それは不幸なことです。

子どもが教室のボスになる

「良い子」に頼ることの三つ目の問題は、ボス的な子どもが学級を牛耳る問題が起きやすいことです。学級全体のためではなく、自分と近い仲間の利益を優先する子どもが学級に強い影響を与え、自分たち中心の秩序をつくります。次の二つのパターンがあります。

・番長タイプのリーダーがボスになり、裏での影響力を表に出す
・「良い子」がボスに変わって、教師の願うものとは違う形で影響力を出す

一つは「良い子」や担任をよく思わない子どもが裏で影響力をもつパターンです。その影響力が表に出てくると、他の子どもたちも教師の言うことを聞き流すようになります。

もう一つは、「良い子」がボスになるパターンです。教師から認められていることを逆手に取って影響力を強めた子どもが、我を出して学校の秩序をつくりかえます。

ボスが現れると、他の子どもたちは前に出なくなり、いっそう目立たなくなります。その結果、教師が「その他大勢」と認識する子どもが多くなります。

05

決めつけて見直さない

固定観念が目を曇らせる

学級での役割を決めつけて固定化する

子どもの特徴を決めつけるのがよくないことは、教育に携わる人なら誰でもわかっていることです。しかし、理屈ではわかっていても、つい決めつけてしまうという失敗を、私は何度もしてきました。この決めつけが「その他大勢」を生み、子どもの成長を妨げます。教師が子どもを決めつける対象には、大きく分けると役割、行動（態度）、言葉の三つがあると考えます。まず、役割の決めつけについて考えます。次の例などがあります。

・前年度からの引継ぎで、リーダー候補として育てようとする
・過去にあった人間関係のトラブルを参考にして、トラブルメーカーとして注目する
・教師の話をうなずきながら聞き、率先して行動する子どもを優等生と捉える

このように、学級でのポジションを教師が決めつけることで、学級には二つの問題が生じます。一つ目は、子どもの成長の方向性を狭めることです。ある子どもが誰とでもコミュニケーションを図ることができるのに、「おせっかいでトラブルメーカー」として扱われたとします。その子は、調整に長けたリーダーとして活躍する機会が奪われます。逆に、前に出てくるのが本当は嫌だけれども、教師の期待に応えようとリーダーを務めた子どもが潰れてしまうこともあります。子どもの成長の機会が潰されるのは、不幸なことです。

二つ目は、周りの子どもたちが教師と同じように仲間の役割を決めつける点です。学級でのポジションが固定化されて、そのポジションから外れたふるまいをすると「空気が読めない」と批判にさらされます。そして、教師にとってよくも悪くも目立たない子どもは「その他大勢」に位置付けられ、学級での活躍の機会が失われます。

役割を決めつける問題の根本には、子どもは変わる存在であることに目を向けない姿勢があります。教室で見せる顔と部活動で見せる姿はまったく違うように、子どもは場所や相手によって様子が変わります。ちょっとしたきっかけで、大きく成長を見せます。役割を固定化する意識を払拭し、**時間・空間・仲間によって流動する存在として子どもを捉えましょう**。「子どもを決めつけてしまっていないか」と自問自答する姿勢が求められます。

子どもの態度を曲解する

教師による決めつけの二つ目は、行動（態度）です。学校ではリアクションを含めた行動として「態度」という表現が使われます。生活態度や授業態度という言葉は、子どもや保護者もよく使います。しかも、「態度が悪い」というネガティブな意味で使われます。

しかし、「主体的に学習に取り組む態度」からわかる通り、「態度」は本来前向きな意味を含んでいます。生徒指導や学級経営にかかわっては否定的な場面で使うことが多いのは、それだけ子どもを叱る機会が多い証拠だと思います。

教師が「子どもが何かよくないことをするのではないか？　もし態度に表れたら指導しよう」と構えていると、子どもの行動の悪い面に目が行きます。注目を引こうとして問題行動を起こす子どもの場合は、そこに注目してしまうと問題を繰り返す傾向があります。

教師の細かい叱責が続けば、「叱られるから目立たないようにしよう」や「何か言われたら嫌だから、まずは様子を見よう。もし動かないことを叱られても、みんなも同じだからいいや」と消極的になる子どもが出てきます。「その他大勢」を生むことにつながります。「子どもたちをおとなしくさせているのではないか」と指導を見直す姿勢が大切です。

子どもの言葉を真に受ける

行動と同様に、子どもの言葉を真に受けて決めつけてしまうことがあります。「ウザい」の裏には「構ってほしい」という気持ちが隠れていることがあります。心の中の複雑な気持ちを整理できずに「キモい」の一言で済ませてしまう子どもがいます。それらの言葉を真に受ければ、「この子は暴言が目立つ」や「すぐにネガティブな言葉を出して雰囲気を悪くする」という評価を固めてしまいます。

また、どうしてよいかわからずに「大丈夫です」と言って遠慮する子どもたちは、教師にとっては手がかからないと感じて、「その他大勢」扱いをするきっかけになります。しかし、本当は教師や仲間の支援を求めているかもしれません。

子どもの行動や発した言葉に対しては、その裏にある思いに注目することが大切です。子どもの意図を探るのは、面倒くさいことかもしれません。「ウザい」と毎日言われたら、大人でもしんどくなります。しかし、人と接するのは面倒くさいものだと割り切って、心の余裕をもって子どもの行動や言葉をいったん受け止めましょう。面倒くさがって距離を取ると、かえって後から学級経営が難しくなる場合があります。

06

チームで子どもを見ていない

学級王国が鎖国する

教師一人での子ども理解は限界がある

「担任をして一人前だから」…これは、新卒の時に先輩がふと漏らした言葉です。学級担任の負担と責任が極めて大きいのが、日本の義務教育の特徴の一つです。教科担任制の中学校でさえ、担任と副担任、もしくは他の学級と担任する学級では、子どもたちとかかわる濃さが違います。その分、やりがいも大きく、合唱コンクールや卒業式での感動は何物にも代え難く、尊いものです。小学校であれば、なおさらでしょう。

しかし、担任の責任とやりがいの大きさが、子どもたちを「その他大勢」にしてしまう原因になります。理由は大きく二つあります。一つは、子どもたち一人一人を見るには、担任一人では時間や労力に限界があるからです。

もう一つは、担任一人では子どもに対する見方が限定されるからです。子どもの多様な特性の中から、どの面を見てどのように評価するかは、教師の癖が出ます。よくわかる面もあれば、逆に見出しづらい子どもの特色もあります。複数の目で子どもを見て、複数の基準で子どもの成長につながる手立てを考えることが大切です。

チームで子どもと接して、一人の子どもと複数のつながりをもつ仕組みをつくりましょう。このチームとは、教員だけではなく、校内の他の職員や校外の専門家も含みます。

学級が「鎖国」して柔軟性を失う

チームとしての取組を妨げるのは、学級王国の意識です。学級王国の状態が悪化すると、他の大人の力を借りることを「干渉である」と捉えます。他者の協力を拒絶します。子どもにかかわって他の大人が手にする情報は制限され、その情報をどう使うかは担任に委ねられます。学級王国が鎖国している状態です。担任の権限は肥大化していきます。

そうすると、「私は教師としてこの子を誰よりもわかっている」という意識になります。自戒を込めて述べますが、それは、教師のおごりです。学校でのわずかなかかわりで子どもをすべて理解できるほど、人は単純ではありません。理解するのが難しいからこそ、少しでも理解しようと複数の目で時間をかけてかかわり続けることが大切です。

一人で子どもと接していると、教師が願う姿を子どもに投影して、見たい面だけを見る場合があります。そうすると、予想していない一面がふと目に入った時に評価できません。教師の期待が大きい場合は理想と実態のズレにいら立ち、厳しく指導するかもしれません。

また、学級が鎖国状態だと、担任が一度「この子は可もなく不可もなく。その他大勢のタイプだ」と捉えると、他の見方が弱いため、固定観念化します。子どもからすれば、ほめられることも叱られることもない生活が続きます。それは、成長につながりません。

子どもたちは悪い安定にも居心地のよさを感じる

担任がこだわりの強いタイプで、子どもたちを囲い込んで学級王国をつくる時に、当の子どもたちの満足感は意外と高いことがあります。担任から目をかけられている子どもたちは、もちろん居心地のよさを感じるでしょう。ただし、新年度で学級が変わると、新しい担任も子どもも苦労する可能性が高くなります。

鎖国するような学級に満足感を得るのは、担任にかわいがられる子どもだけではありません。はたから見れば「もっとよさを見つけて活躍できる場をつくればよいのに」と思う子どもが「その他大勢」扱いをされているのに、その子ども自体は意外と満足していることがあります。教師から干渉されないので気楽さを感じつつ、学級や教師に過度な期待をせずにマイペースに生活していることがあります。それは、子どもが担任をどうでもよい存在だと捉えて、心を鎖国していることを意味します。いったん心を閉ざしてしまうと、進級して学級と担任が変わっても、子どもは教師と距離を置くようになります。教師による鎖国が子どもの心を閉ざし、負の影響が改善されずに続くのは問題です。

鎖国する学級王国を「開国」する方法は二つあります。次の通りです。

・外からの開国…担任の固定的な要素を取り除く仕組みをつくる
・内からの開国…リーダーやフォロワーの力による自治的活動で学級の枠を超える

一つ目は、仕組みを改善して、担任一人で学級を見る構造を変える方法です。例えば、一定期間は学年で担任をローテーションして、日替わりで担当する学級を変えると、教師も子どもも新鮮な気持ちで学校生活を送ることができます。

二つ目は、子どもがリーダーやフォロワーとして活躍できるようにする方法です。学校行事や生徒会（児童会）活動、学年レクや合同授業など、学級の枠を超えて協力する機会を増やして、学級王国を崩します。なお、フォロワーについてはChapter 3で述べます。

07

「よかれ」と思った指導の落とし穴①

効率化が「じゃない子」を生み出す

効率化に楽をしたい気持ちが混ざってしまう

私たちが「よかれ」と思って行う指導の結果、「その他大勢」として扱われる子どもが増えることがあります。効率化、活動重視、信頼、自律の要求、おもてなし、担任の分身づくりという六つのパターンを通して、「よかれ」と思った指導の落とし穴について考えます。

まずは、効率化の落とし穴を取り上げます。担任をしていると、一人一人の子どもと向き合う大切さはわかっていても、実行するハードルはとても高いと痛感します。圧倒的に時間が足りません。そこで、効率化を図るようになります。場面によって特に手をかける子どもを変えたり、子どもたちが担任なしで動ける仕組みをつくったりして対応します。

それらの対応自体は必要な工夫です。しかし、楽な方向に流れる意識が働くと、指導の落とし穴にはまります。なぜなら、教師の心に楽をしたい気持ちが出ると、「まあ、この子はそれほど手をかけなくても大丈夫だろう」と判断した子どもへのかかわりが減るからです。楽観的な判断で、子どもたちへのかかわりの濃淡がはっきりしすぎてしまいます。

教師のアンテナが限定される

教師が「手のかからない」子どもと判断しても、実際にはそうではないことがあります。例えば、次のような様子を見せる子どもは、本当に手がかからないのでしょうか。

・授業で学習についていけていないが、教師に質問せずにじっと黙っている
・今日の学校行事での動きをわかっていないが、近くの子どもの真似をしている
・悩みを抱えているが、教師が忙しそうにしているので自分からは声をかけない

教師としては、子どもが発信するヘルプのサインがどれだけ小さくても拾えるように、アンテナを高くしておく必要があります。しかし、効率化を求めすぎると、アンテナの方向が手のかかる子どもなどに限定されてしまいます。そして、「その他大勢」扱いをしている子どもたちが発するサインを受け取ることができなくなります。

08

「よかれ」と思った指導の落とし穴②

多すぎる活動が我慢を促す

充実ではなく多忙に陥る

学級づくりの様々な手法を学ぶと、担任している学級で試したくなる時があります。係活動を充実させ、計画的に学級活動を行い、掲示物を子どもとつくり、タイミングを見て学級レクを開くなど、子どもたちに充実した日々を送ってもらおうと工夫します。

しかし、子どもたちにとっては充実感より忙しさが大きいかもしれません。活動が多すぎると、忙しくて駒のように動く状況に陥ります。活動をこなしているだけでは、一人一人の子どもたちの持ち味が出ません。教師からすれば、教師の期待する姿に沿って同じ行動をしているように見えます。子どもたちを「固まり」として捉えて、「その他大勢」扱いをすることにつながります。

子どもたちの側からしても、立ち止まってじっくりと考える余裕がなくなります。担任も忙しそうにしているので、声をかけづらくて遠慮してしまいます。子ども主体の学級づくりを目指したはずが、結果的には子どもに我慢を強いることになります。

充実と多忙の境界線は「遊び」にある

充実と多忙を分けるのは「遊び」だと考えます。遊びには、二つの意味があります。

- **遊びがある**…子どもたちがわくわくして夢中になる
- **余地がある**…子どもたちが創意工夫を発揮できる余地がある

一つは、遊び心です。教師が楽しいというより、子どもが楽しめる工夫が大切です。何を楽しいと考えるかは、子どもによって違いますが、学級は集団生活を通して成長する場です。子どもたちに選択肢を設けつつ、人とかかわることの楽しさを実感できるかどうかという視点で、活動を精選します。そうすると、忙しくても充実感をもてます。

もう一つは、余裕や余白、余地があることです。車のハンドルの「遊び」のイメージです。教師がすべてをお膳立てするのではなく、きっかけをつくることに留めます。子どもたちが「自分たちも考えたい」と思えるように働きかけましょう。

09

「よかれ」と思った指導の落とし穴③

勝手な信頼が放任につながる

放任と圧力が「その他大勢」を生む

教育は信じることを土台にした営みです。しかし、教師が子どもに向かって「信じる」と言う時に、子どもに「勝手に信じられても…」と思われてしまう場合があります。次のように放任や圧力をごまかすために「信じる」という言葉を使う時です。

・**信頼を口実にした放任**…教師が何も手を差し伸べないことの免罪符になっている
・**信頼に見せかけた圧力**…信じることで子どもに圧力をかけて行動を縛る

一つ目が放任です。事前に環境を整える準備や行動の手助け、事後のフォローなど、教師として必要な手立てをしていない状態です。

放任されても適切に行動できる子どもは一握りです。逆に、どうしてよいかわからずに暴走し、問題行動を起こす場合もあります。そして、臨機応変に動けずに途方に暮れる子どもたちは、息を潜めて暮らすことになります。子どもたちの力関係で教室の秩序がつくられて、「その他大勢」の立場に置かれる子どもたちが出てきます。

二つ目が、信頼に見せかけた圧力です。教師が果たすべき責任を子どもに押し付けます。子どもたちは失敗を恐れて積極性を失います。自由なはずなのに、お互いに様子を見て牽制し合います。教師からすれば、「静かに過ごしている子どもたちが多くてすばらしい」と勘違いするかもしれませんが、子どもたちの持ち味は全く発揮されません。

言葉は武器だから他者の心を傷付ける

言葉は武器です。武器だから、子どもを傷付けることもあります。例えば、「信じていたのに！」や「任せたのに、何でちゃんとできないんだ」などの叱責は、子どもの心を傷付けて委縮させます。

信じることや任せることは、教師の覚悟と綿密な準備、子どもと教師の信頼関係など、複数の要因がそろわないと失敗に終わります。「信じる」という言葉の武器を安易に振り回すのではなく、状況を読み取って最適なタイミングで使うべきです。

10 「よかれ」と思った指導の落とし穴④

過度な自律の要求が委縮を招く

他律・自律・自立の段階を見極める

子どもたちが教師の指示なしで動ける集団は、理想的な学級の一つの姿です。ただし、指示なしで動く状況には、次のように他律・自律・自立の違いがあります。

- **他律的集団**…教師にかつて指示されたことだけを、無批判に徹底する
- **自律的集団**…教師にかつて指示されたことを、納得して行動に移す
- **自立的集団**…学級のためになることを自分たちで判断して行動に移せる

一つ目は、他律的な集団です。判断基準が子どもたちの中にない状態です。教師に言われたことだけを徹底します。その指示を外れると「先生に怒られる」とブレーキをかけます。教師がその場にいなくても、教師の価値観が学級を覆っている状況です。

二つ目は、自律的な集団です。他律的な段階との違いは、行動する意義を理解していることです。行動の判断基準を教師と共有している状況です。

三つ目は、自立的な集団です。教師から事前に指示があったかどうかに関係なく、自分たちで判断して行動できる子どもが増えた集団です。自分勝手な行動が許されるわけではなく、学級にプラスになることを仲間たちで共通理解をして、行動に移します。

手立てのない自律の要求が「その他大勢」をつくる

担任としては学級が他律ではなく、自律から自立へ成長することを期待します。しかし、過度に自律を要求すると、逆に他律の段階で留まります。失敗を恐れるからです。

教師が口では「失敗して大丈夫」と言っても、失敗に対してフォローがないと、子どもたちは行動をためらいます。また、「どうしたらよいかわかるでしょ！　自分たちで考えなさい」と突き放すと、教師が示した枠組みの中で動くことを強く意識して、創造性を失います。「学級にプラスになる行動」を判断する基準や具体的な行動を考える方法が浸透しないと、教師がいくら自律を求めても、子どもたちは委縮して他律的になります。目立たないようにお互いを牽制して、「その他大勢」に見える子どもが増えていきます。

11 「よかれ」と思った指導の落とし穴⑤

過剰なおもてなしが受け身にさせる

構いすぎるのは大きなお世話になる

小学生でも中学生でも、大人に比べればできないことがたくさんあるのは当然です。学校には独自のルールや動きがあるため、慣れるために支援が必要な場合があります。また、学級には四十人ほどの子どもたちがいるため、できることに差があります。

個に応じた支援はもちろん大切です。しかし、過剰な支援は子どもが成長する機会を奪う場合があります。次のような行動が過剰な支援に当たります。

・子どもができることを、教師が先にしてしまう
・子どもが考える前に、教師が答えを出してしまう
・子どもが選ぶ前に、教師が最適だと考える方法を選んでしまう

どれも、教師が先回りをするかかわりです。一点目は行動、二点目は思考、三点目は判断の機会を子どもから奪っています。「この子は機会と時間があればできる」という見立てをせずに、よかれと思って大きなお世話をしている状況です。

担任が学級をやさしく支配する

教師が何でもしてくれると、子どもたちはとても楽です。しかし、教室は教師によっておもてなしをされる場所となり、自分たちで学級をよりよくしようとする意識が薄れます。一方の教師にとっては、不要な支援までするのは負担に思えるかもしれませんが、意外と楽に感じることがあります。子どもが気付いて動くのを待つよりも、自分でさっと行動した方が楽に感じるものです。そこには、一人一人の子どもを生かす発想はありません。

また、子どもが受け身になると、表面上は突発的なトラブルが減ります。教師が子どもたちをおもてなしして、子どもたちは「お客さん」としてサービスを受け入れるという関係ができます。学級は安定するかもしれませんが、子どもは成長しません。子どもたちの手で集団をよりよくすることはなく、教師なしでは何もできなくなります。これは、教師によるやさしい支配だと考えます。成長の機会を奪うからです。

12 「よかれ」と思った指導の落とし穴⑥

担任の分身型リーダーが仲間の成長を妨げる

分身型リーダーは失敗するか上下関係をつくる

学級で子どもたちが自治的に活動するためには、リーダーが必要です。学級には、様々なタイプのリーダーがいます。前面に出る委員長タイプや調整に長けた副委員長タイプ、エネルギーに溢れる指揮者・応援団長タイプなどです。

どのようなタイプのリーダーを育てる時にも気を付けたいのは、教師の姿をまねるだけのリーダーを育てないことです。いわば、分身型リーダーです。分身型リーダーは、子どもが教師のようにふるまって他の子どもを動かそうとします。しかし、多くの場合、うまくいきません。なぜなら、学級のリーダーとはいえ、一人の子どもだからです。立場が対等なのに教師のまねをしても、他の子どもから反発を受けます。

逆に、強烈なリーダーシップをもつ子どもなら、他の子どもを動かせるかもしれません。しかし、その子の権限が強くなりすぎると、子どもたちに上下関係ができてしまいます。

リーダーとして育てたはずが、教師も手を焼く王様になってしまいます。

教師の教育観を拡大再生産する

子どもをリーダーにする時は、求める役割が教師とは異なると明確にしなければいけません。そうしないと「とりあえず先生みたいにするか」となります。上の図の状況です。

子どもは今の担任だけではなく、過去の担任や部活動の顧問など、自分の経験からリーダー像をイメージします。それは、結果的に教師と同じリーダー観をもった子どもを量産することにつながります。

学校には様々な教育活動があるので、リーダーには多様な役割があります。そこで、一人ではなく複数のリーダーが協力することが大切です。担任の分身ばかりでは、画一的な対応しかできません。子どもたちの持ち味を生かすことができずに、リーダーシップを秘めた子どもが「その他大勢」として集団の中に埋もれてしまいます。

リーダーになる子どもは，支援がないと
教師の言動を模倣する

13 「よかれ」と思った指導の落とし穴⑦

表面的な個の尊重が分断をつくる

個性を口実に指導を怠る

　個性の尊重を否定する教師はいないでしょう。しかし、個性の尊重を口実にして必要な指導や支援を怠る場合があります。もちろん、子どもが嫌がることを無理強いする必要はありません。無理強いするのではなく、前向きになるような励ましや、できることにつなげる支援、他の選択肢の用意など、教師の手立てはたくさんあります。それらを怠って「まあ、これも個性だから仕方ない」と放っておくのはいけません。成長につながる挑戦ができません。「個性だから何でもＯＫ」という発想の奥底に「どうでもよい」や「どうせ変わらない」という意識があると、子どもの成長につながりません。

個性を尊重して学級が分断される

　子どもたちも同じです。子どもたちは「個性」という言葉をよく使います。「俺たちのクラスって個性的だよね」や「個性のある人が多すぎ！」などです。プラスの評価ではなく、学級に一体感がない時に言い訳として使うことがあります。仲間と協力しないのは、個性ではなく必要な仕組みと関係性ができていないだけです。個性の名のもとに教室内での分断が放置されます。

表面的に個性を尊重すると，気の合う仲間とだけしか行動できなくなる

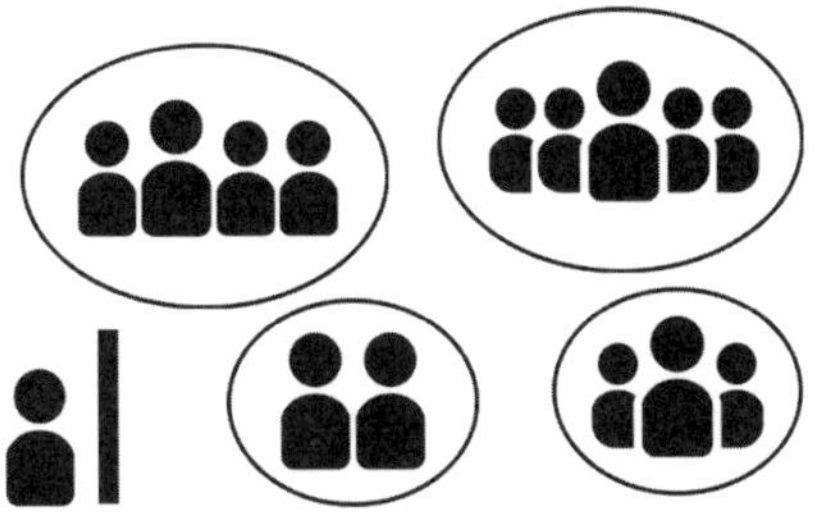

そうすると、子どもたちは気の合う仲間同士の関係に満足し、学級のメンバーを「仲良し」と「その他」で分けて認識します。上の図のような関係になります。

もちろん相性があるので、すべての子どもが等しく仲良くなるのは現実的ではありません。みんなと等しく仲良くなるのではなく、仲のよさに左右されずに行動する力を伸ばしましょう。

学級は公的な要素と私的な要素が混在する集団です。プライベートでは親しくない相手とも、学習や学校行事などの場面では協力できる経験を積むこと

が大切です。心は一つにできなくても、一つの目的に向かって行動を共にすることに意味があります。表面的な個性の尊重で、集団の中で生きる経験を奪ってはいけません。

子どもたちに面的で柔軟な関係をつくる

子どもが大きく成長するのは、いつも一緒にいる友人よりも、普段は交流の少ないクラスメイトとかかわる時です。普段は見えていなかった自分の持ち味を自覚したり、他者の長所に気付いたりするからです。個性とは、表面的なものではありません。見えていない部分がたくさんあります。異質な他者と協力すると、隠れた個性が発見されます。

価値観の異なる相手と一緒に行動すると、気疲れします。最初は面倒に感じることもあります。しかし、子ども同士の交流が広がり、単線で固定化された関係から面的で柔軟な関係に変化すると、面倒くささよりも面白さが勝るようになります。担任の役割は、子どもたち同士のかかわりを後押しすることです。「かかわらないのも個性」と開き直るのではなく、「個性を伸ばすためにかかわろう」という意識に変えましょう。そうすると、子どもたちは学級のメンバーを「その他大勢」としては見なくなり、一人一人を個性的な仲間として捉えるようになります。

Chapter 2

子どもを「その他大勢」にしない教師のかかわり10のポイント

01

風呂敷のように子どもたちを包む

担任として子どもをやわらかく、しっかりと包み込む

学級担任として、一人一人の子どもを大切にするという考え方を否定する人はいないでしょう。それと同時に「理想としてはわかるけれど、現実には無理だ」と感じる気持ちもわかります。私自身、一人一人の子どもを大切にすることの難しさを感じ、その方法について悩みながら担任をしてきました。悩みながら子どもとかかわり続ける中で、私が導き出したキーワードは、風呂敷のようなかかわりです。次のようなかかわり方です。

・子どもたちに対して、目的や状況に応じて、形を変えて柔軟にかかわる
・しっかりと結び目をつくることで、子どもに安心を与えて学級の安全を守る

一つ目が、**柔軟にかかわる**ことです。風呂敷は、包む対象によって形を変えます。敷物のように使うこともできます。密着することもあれば、余裕をもたせることもあります。さりげなく包むこともあれば、アレンジして派手に見せることもあります。

まったく同じな子どもは、一人としていません。学級担任として子どもたちにかかわる時も、子どもの姿やかかわる状況、かかわる目的に応じて、臨機応変さを大切にします。

二つ目が、結び目をつくることです。風呂敷の結び目が緩めば、包んだ物はこぼれてしまいます。こぼさないように、**要となる所は緩まないように強く結ぶ**必要があります。

学級経営も同じです。すべての子どもを守るために「ここだけは譲らない」という基準を明確にして行動を貫くことで、包んだ子どもをこぼすことを防ぎます。

子どもを守るためとはいえ、まったくぶれない対応を目指すと、子どもの実態に合わせた調整ができずに苦しくなります。アタッシュケースのような硬いイメージではなく、風呂敷のようなイメージでかかわりましょう。子どもに合わせて、かかわり方や学級の姿を変えながら、しっかりと子どもを包みます。

アタッシュケースのようなイメージではなく，風呂敷のイメージをもって柔軟に子どもとかかわる

02

問いを共有する

教師が子どもたちと問いを通してつながりをもつ

子どもたちは、自分のことから未来の世界のことまで、様々な問いをもちながら生活しています。多くの問いは、ふと頭をよぎるだけで深く考えることがなく、忘れてしまうかもしれません。逆に、大人から見れば些細な問いでも、子どもは気になって夜も眠れなくなる場合もあります。そのような何気ない問いを学校生活に生かす場が求められます。

私たち教師も、現場で様々な問いをもちます。教科の学習での発問に限りません。担任をしていて「この子たちのためにもっとできることはないか」や「もっとよいかかわり方があるのではないか」と思うことは何度もあります。答えは簡単に出ませんが、少しでも納得のいく答えに近付こうと、長い教員生活で考え続けていくものだと思います。

これらの問いを生かすと、子どもを「その他大勢」ではなく、一人一人を尊重することにつながります。左の図のようなイメージですが、具体的なポイントは次の二つです。

・問いを共有することで、子どもの悩みや目指す姿を理解する
・問いを交流することで、子どもを学級の共同経営者として扱う

一点目に、子どもの問いを通して「その他」扱いをせずに、その子のことを具体的に理解できます。教師にとっては「あ、○○さんはこういう問いを立てるということは、ここを大事にしているのか」という発見があります。

二点目に、子どもの問いから刺激を受けて、担任として学級を改善するヒントを得ることができます。また、教師の問いを子どもたちに示して一緒に考えることで、教師と子どもたちが共同で学級をつくるきっかけになります。立場の違う問いを生かした学級づくりにつながります。教師にとって、すべての子どもが「その他大勢」ではなく、学級をつくるパートナーに変わります。

子どもたち一人一人の問いに注目し，教師の問いを示す

03

なりたい姿をビジョンにする

≫ 願いをゆるやかにまとめて方向性をつくっていく

子どもが「その他大勢」として扱われる時には、その子どもが学級で果たす役割が見えていません。子どもたち一人一人が学級の中でどのように輝けるかを想像し、その姿に近付くように学級づくりを進めることで、学級から「その他大勢」と認識される子どもはいなくなり、学級を支える仲間となります。次の三つの視点でなりたい姿を具体化します

・**ゴール**…目指す学級の雰囲気や集団としてできるようになることを明確にする
・**プロセス**…ゴールに到達するまでの課題と解決の方向性を打ち出す
・**ビジョン**…ゴールに到達した時の子どもたちの姿や担任としての気持ちを思い描く

教師が思い描く理想と、子どもたち一人一人がなりたい姿は、必ずしも一致しません。そこで、学級のゴールとビジョンを設定し、現在地からゴールに至るプロセスを共有して、方向性を打ち出します。その方向性は左の図のように、大きな矢印（学級としての方向性）の中には向きの違う小さな矢印（個々の方向性）が含まれています。**多様な思いをゆるやかにまとめる**ことで、学級としての方向性を形づくってビジョンを描きましょう。

子どもたち一人一人と教師のなりたい姿や目指す方向性をまとめて，学級としての方向性をつくる

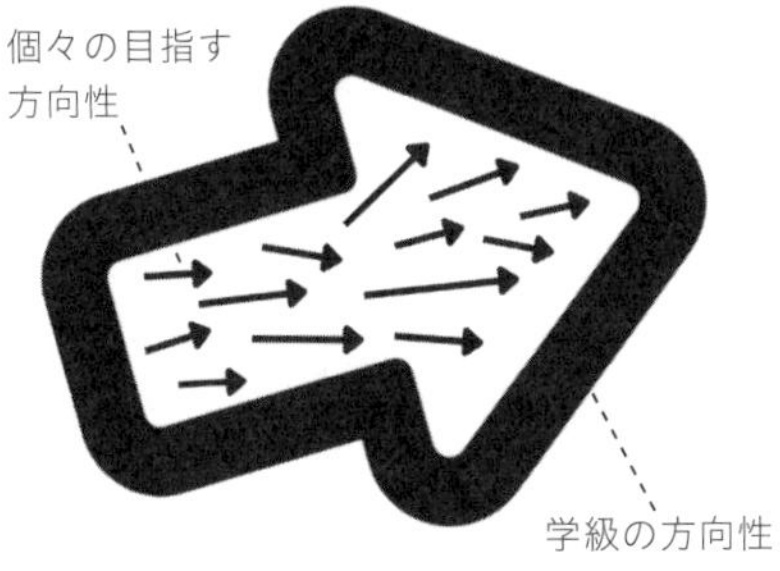

学級でビジョンを共有するよさは、子どもたちの受け身な姿勢が変わることです。進むべき方向がはっきりするからです。

教師にとっても、子どもに教えて鍛える意識だけではなく、子どもが自らの力で伸びる環境を整える意識が強くなります。「子どもたちを育てる」から「子どもたちが育つ」という考え方へと変わります。

また、ビジョンには担任として理想とする学級像や教師としてのあり方が反映されます。学級づくりを通して、子どもと教師のなりたい姿を具体化しましょう。

04

ゴールを決める

学級のゴールを一つに限定せず、柔軟に決める

学級のゴールを学級の全員で共有し、ゴールを目指して進むことは大切です。しかし、そのゴールが難しいと、ゴールに届くために貢献できる人は限られます。教師と一部のリーダーとなる子どもが中心になると、かなりの数の子どもが「その他大勢」として見守ることしかできなくなります。

そこで、ゴールを柔軟に捉えて複数のゴールをつくります。次のような発想です。

①量的な柔軟性…到達度に応じて段階的なゴールをつくる
②質的な柔軟性…ゴールの形や達成に必要な特徴を変える

ゴールを柔軟に捉えるが，ゴール同士につながりをもたせる

ゴールの質を変える

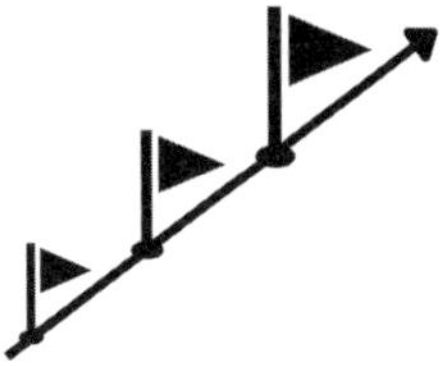

ゴールに段階をつくる

上の図のようなイメージです。一つ目に、量的な柔軟性のあるゴールにします。例えば、学級目標を学期ごとに短い期間で発展的に変更したり、学校行事の目標を「B（最低限）↓A（満足）↓S（最高）」の三段階で設定したりする方法があります。段階をつくると、子どもたちの参加のハードルが下がります。また、次の段階に到達するために子どもたちは協力への必要感を高め、「蚊帳の外」の子どもが減ります。

二つ目に、質の異なるゴールを複数用意します。例えば、運動会で競技者としての目標、応援の目標、練習の取り組み方の目標の三つを用意する方法があります。そうすると、運動に苦手意識がある子どもが、学級のためにできることを自分で選べます。選択肢を設けて、意思決定の場をつくります。

いずれの場合も留意点は、ゴールの整合性を保つことです。ゴールが見えなくなるのを防ぐためです。学級のビジョンに沿って、ゴール同士につながりをもたせましょう。

05

見る目を養う

見えないことを自覚した上で多面的・多角的に見る

教師として、子どもを見る目を養うには、教職の経験を積めばよいわけではありません。意識して見る経験を重ねる必要があります。私の場合は、子どもを見る大前提として「見たいものしか見えない」ことを胸に刻んでいます。そして、次の二つを大切にしています。

・**多面的に見て先読みする**…他の子どもに対する見る目を別の子どもに適用する
・**他者になりきって多角的に見る**…他の教員や保護者の見方の特徴をまねる

一点目は、子どもの先を読むことです。担任をしていると、子どもの動きを予測できることがあります。例えば、「仲間をほめたら、Aさんは率先して拍手をしてくる」などです。また、学習の場面で「このグループは話し合いで脱線しているけれど、もうすぐBさんが軌道修正してくれそう」などと思った直後に、その通りになることがあります。

子どもに対する理解が予測の精度を高めます。ただし、思い込まないように気を付けます。「トラブルメーカー」や「優等生」と子どもを決めつけると、うまくいきません。そこで、他の子どもを見る時の目を、別の子どもに当てはめます。多面的な思考を働かせて、子どもの様々な面を見るようにします。

二点目は、まねることです。子どもを少しでも理解するために、様々な視野や視座、視点から多角的に見るようにします。「○○先生ならこの子をどう見るか」や「家族ならどう見るか」と、自分以外の関係者になりきると、新たな発見があります。

教師が見えているのは
子どもの一部の面だけ

いずれの場合も、見えているのは、子どもの多様な特徴の一部に過ぎないことを常に意識します。上の図のように、見えていない部分を頭に入れておくことで、多面的・多角的に子どもを見る目が養われます。そうすると、子ども一人一人への理解が深まり、「その他」扱いはなくなります。

06

言葉を絞る

子どもの状況を見極めて気付きにつながる言葉を放つ

子どもたちは、教師からたくさんの話を聞いて学校生活を送ります。ただ言葉を垂れ流すだけだと、子どもの心には響きません。また、話すことが苦手な子どもだと、一方的に教師に話しかけられると、気持ちが引いてしまうかもしれません。

教師として、好機を逃さずに効果的な言葉をかける工夫をしましょう。次の通りです。

・**タイミングをつかむ**…相手の呼吸を読み、お互いの間を正確に捉える
・**最善手を一瞬で出す**…貯めておいた言葉の引き出しから最適な言葉を端的に発する

イメージとしては、居合いの達人や凄腕のスナイパーです。ただし、傷付けるためでは

なく、子どもの気付きのために言葉を使います。一つ目のポイントは、最適なタイミングをつかむことです。教師の都合ではなく、子どもとの距離感を正確に測り、子どもが受け入れやすい瞬間を見極めます。「何を言うか」だけではなく、「いつ言うか」が大切です。

二つ目のポイントは、言葉を通して「あなたのがんばる姿をきちんと見ているよ」という思いが子どもに伝わるようにします。その子の成長につながる言葉をたくさん貯めて、子どもの心に届く一瞬を狙います。「何を言うか」と同時に「何を言わないか」を考えます。言葉を発する前の間も大切です。間髪を置かずに話す方法や、あえて沈黙の時間をつくる方法もあります。

子どもの様子をよく観察し，「何の言葉をいつ，どのように伝えるか」を見極める

教室の中には様々な音が溢れ、たくさんの子どもたちが視界に入ります。その状況で、「今はこの子にあの言葉を伝える時だ」と見極めるために、特定の子どもか、特定の行動に焦点化します。スコープで狙うイメージです。対象とする子どもを変えると、「その他大勢」として子どもを扱うことはなくなります。すべての子どもをターゲットにして、子どもの心に届く言葉を端的に伝えましょう。

07

手を差し伸べる

子どもの支援や応援の方法を使い分ける

子どもがつまずいている時に、教師は支援するために手を差し伸べます。それは大切なことですが、支援なしでもある程度できている子どもに対しては、かかわりが薄くなってしまいます。そこで、支援の目的に加えて、応援の目的でも手を差し伸べましょう。次のような動作をイメージして子どもとかかわります。

- **支援として手を差し伸べる**…手伝う・支える・引っ張る・手当てする
- **応援として手を差し伸べる**…後押しする・拍手する・握手する・ハイタッチする

一つ目は、支援として手を差し伸べます。子どもが一人だと前に進めない時に力を貸します。また、傷付いたり弱ったりしている時には、心の手当てとして相談に乗ります。

　二つ目は、子どもの行動を応援することです。子どもを手伝うのではなく、子どもの挑戦を後押しします。また、結果よりは挑戦した意欲や努力の過程を承認します。拍手や握手、ハイタッチのイメージです。図のように、いろいろな形の支援や応援を意識します。

　子どもは、自分でしようと思う気持ちが少しでもあったり、自力でできそうだと認識したりしている時に、大人の干渉を嫌がります。そこで、直接的な支援に加えて、間接的に応援をすることが効果を発揮します。

支援と応援を使い分けて，すべての子どもたちとかかわる

　また、教師の支援や応援の引き出しが増えると、「手のかかる子」や「できる子」だけではなく、コツコツと自分でがんばる子どもたちと、かかわりが増えます。子どもを「その他大勢」にせず、支援や応援として多様な形で教師が子どもと手を携えるようにします。

08

足で稼ぐ

子どもの情報を計画的に足で稼ぐ

子どもが見せる表情は、学校の教育活動の場面によって変わります。教師が足を使って様々な場面で子どもたちと一緒に過ごし、子どもの意外な姿を見つけることは大切です。足を使うと言っても、いつもダッシュしていては疲れます。また、マラソンのように長時間にわたって足を使えば、余裕がなくなります。散歩のようなスピードで十分です。無理のない範囲で無駄を省くために、次の二つのことを意識して足で稼ぎます。

・いつもの持ち場を守りつつ、時には意外な場所へ足を運んで顔を出す
・敏腕カメラマンのように勘を働かせて、「ここぞ」という場面を察知して逃さない

一つ目に、「どこに足を運ぶか」を考えます。多くの学校では、日課に合わせて各教職員の持ち場が決まっていると思います。子どものいる時間帯には常に教師の目がある仕組みをつくると、安全を確保できます。

ただし、いつも同じ場所にいるだけだと、子どもが見せる姿も同じになりがちです。そこで、他の教職員と連携して、意図的に持ち場を離れる機会をつくります。例えば、休み時間に隣の学級をのぞいたり、担当以外の委員会や部活動に顔を出したりします。普段とは異なる子どもの姿を知ることができます。

いろいろな場に足を運び，子ども理解に基づいて勘を働かせ，子どものよさを発見する

二つ目に、子どもの行動を予測して、活躍が見られそうな場面に足を運びます。ベテランのカメラマンや刑事のイメージです。目立つ子どもが活躍する姿だけではなく、目立たないけれど価値のある姿を発見することが大切です。**子どもに対する理解の深さを武器にして、教師としての勘を働かせます。**「その他大勢」扱いされそうな子どものよさを発見するために、やみくもではなく意図をもって足で情報を稼ぎましょう。

09

体で支える

子どもが自立する力をつける目的で支える

教師が子どもを支える時に大切なのは、支える目的が子どもの自立であると理解することです。子どもが失敗しないように先回りしたり、過剰なお世話をしたりすると、子どもは自ら挑戦する意欲や臨機応変に対応する力を伸ばせなくなります。その結果、集団の中で自分を出せずに「その他大勢」として埋もれてしまいます。次のように支える距離感を使い分けて、子どもが自立するきっかけをつくりましょう。

・**近い距離で支える**…先導する・横で歩調を合わせる・後ろに付いていく
・**遠い距離で支える**…影で見守る・一緒に振り返る・思い出すきっかけをつくる

子どもが受け身の姿勢でいることに慣れている時は、教師は子どもに近い距離で支えます。手本を見せたり、子どもの活動を横で見守りながら声をかけたりします。
子どもが自分で判断して行動できるようになってきたら、教師は距離を取ります。しかし、放任すると子どもの成長は鈍ります。そこで、遠くでそっと見守り、つまずいた時に近寄って手を差し伸べるようにします。また、活動後に子どもと一緒に振り返って改善を図る方法や、子どもが積んできた経験を思い出すように促す方法もあります。

子どもを支えようとして手足をがっちりとつかんでしまうと、逆に子どもは身動きができなくなります。その子のできることを見極めて、距離感を調整するのが教師の腕の見せ所です。子どもたちが「困った時には先生がいる」と思える関係を目指します。そして、挑戦を繰り返せる環境づくりを通して子どもを支えましょう。教師の体は一つしかありませんが、整えた場や生み出した経験は無限に広がります。子どもの自立につながる学級をつくりましょう。

子どもができることを見極めて，
支える距離感を調整する

10

空気を換える

子どもたちが埋もれるような学級の空気を入れ換える

どの学級にも、独特の「空気」（雰囲気）があります。その空気をつくるのは、担任と子どもたちです。公的な秩序と私的な秩序が混ざり合って雰囲気がつくられ、その雰囲気を壊すと「空気を読まない」動きをしたと、白い目で見られることがあります。子どもたちはお互いをけん制し合って、「その他大勢」の中に埋もれていきます。担任が子どもを管理する意識が強い場合は、なおさら空気は重苦しくなります。

子どもたちのよさを引き出すために、よどんだ空気を換えましょう。「変える」ではなく「換える」という表現を使うのは、換気をするように緩やかな変化を目指すからです。強引に「空気を変えよう」とすると、急な変化に対応できない子どもが出てきます。

具体的には、風通しをよくする工夫と、集団としての温度を変える工夫をします。それそれ、次のような意味です。

・**風通しをよくする**…現在の雰囲気だけを正解とせず、新しい風を受け入れる
・**学級の温度を変える**…心を温めたり、落ち着くように促したりする

まず、学級の空気に正解はありません。新しい発想を柔軟に受け入れる雰囲気をつくります。他者とつながる「窓」を開けるイメージです。学級の空気を入れ換えます。

学級内の風通しをよくしたり，温かい雰囲気をつくったりして，教室の「空気」を入れ換える

次に、状況によっては、空気を入れ換えながら集団としての温度を調整します。他者を受け入れる温かい雰囲気を基本にします。学校行事の前には熱く燃える雰囲気をつくります。逆に、熱くなりすぎている時は、冷静に落ち着くことを意図して、活動を止めて本来の目的を問い直す場をつくります。ただし、学級の「温度」を頻繁に上げ下げすると、子どもたちは疲れます。エアコンを使いすぎると体調を崩すのと同じです。教師として、学級の「適温」を見極めましょう。

Chapter 3

子どもを「その他大勢」にしない学級づくり10のポイント

01

温泉のような学級をつくる

たとえを使って学級のビジョンを共有する

理想的な学級の姿は、担任の数だけあると思います。目指す学級のビジョンを担任だけのものにせず、子どもたちと共有することが学級づくりの第一歩です。ビジョンを共有するには、端的な言葉で表現することが効果を発揮します。私は「温泉のような学級」と伝えます。たとえ（メタファ）には、次の二つの利点があります。

・**イメージがしやすい**…具体物を通すので関心が高まり、イメージしやすい
・**イメージに幅がある**…解釈の余地が広いため、どの子どもでも考えを言いやすい

一つ目は、具体物にたとえることで、イメージをしやすいことです。また、「温泉」や

「家」など、身近なものにたとえると子どもたちは関心をもってくれます。

二つ目は、たとえの解釈には幅があることです。温泉のたとえの場合、私は「温泉のようにゆったりして、心がぽかぽかと温まり、心を裸にして安心して語り合える集団」と解釈しています。子どもたちからは、同じような解釈に加えて「家とは違う気持ちになる」や「元気になる」など異なる意見が出てきます。「温泉は裸になるので気遣いが大事」や「マナーを守ってみんな楽しく」という意見が出た時もあります。「温泉」に対する解釈に幅があるので誰もが意見を言いやすく、対話で異なる意見を聞く面白さがあります。

たとえを使って学級のビジョンを共有する

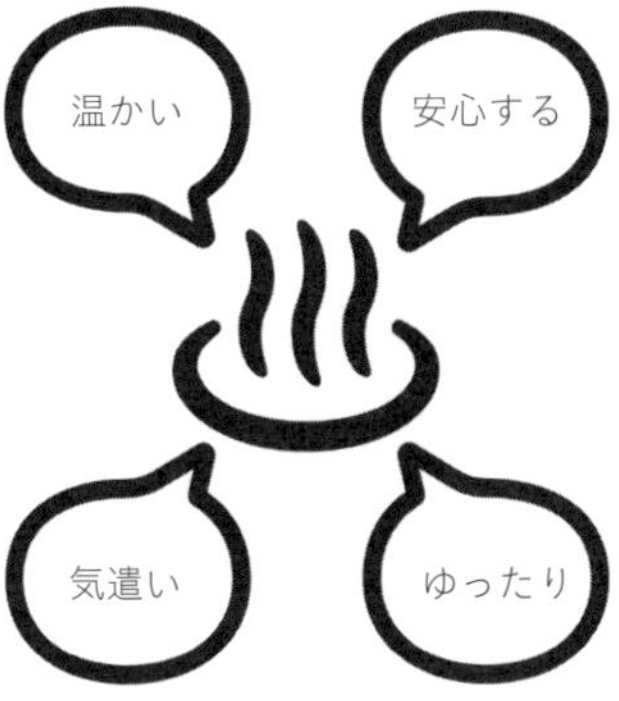

学級のビジョンが教師によって特定の内容に固定されると、理解しづらくなります。逆に、自由に考えるとバラバラすぎて共有ができません。

具体物によるたとえを使えば、対話で解釈に幅があることを理解した上で、一定の方向性を共有できます。子ども全員でビジョンを共有して、「その他大勢」として受け身にならずに、全員が学級づくりに参加できる土台をつくりましょう。

02

学級リーダー・フォロワー・サポーターの姿を捉える

子どもたちの場面による役割の違いを見極めて育てる

子どもたちの手で自治的に学級づくりを進めると、役割が生じます。その役割は、大きく分けるとリーダー・フォロワー・サポーターです。

- **学級リーダー**…学級の成果のために、多様な形で他の子どもに影響を与える
- **学級フォロワー**…リーダーからの働きかけに対して前向きに反応する
- **学級サポーター**…教室の外からリーダーやフォロワーを後押しする

学級リーダーは、学級の仲間に大きな影響を与えます。ただし、学校の教育活動は多岐にわたり、影響力は他の子どもとの関係性に左右されるため、流動的です。多様なリーダ

ーの特徴やリーダー同士の連携について、詳しくは拙著『学級リーダーの育て方』（明治図書出版、二〇二三年）で述べています。

学級フォロワーは、リーダーを助けて一緒に学級づくりを進めます。フォロワーの役割は大きくは「支える」「応援する」「付いて行く」「批判する」の四つがあります。詳しくは次の項から順に説明します。

リーダーとフォロワーの役割は、場面と関係性によって変わります。例えば、普段の授業ではフォロワーとして周りに付いて行く子どもが、学校行事になるとリーダーとして他の子どもを力強く引っ張ることがあります。

学級サポーターは、学級の子ども以外の人たちで、学級を後押しする存在です。学級の外とつながってサポーターが増えると、学級づくりの強力な味方になります。教室の外とつながるポイントについては、Chapter 3の8で述べます。

教師の役割は、子どものリーダーシップやフォロワーシップの芽を見つけて伸ばすことです。それらの資質・能力が伸びるように、活躍の場を整えたり活動を企画したりします。学級での子どもの役割は、とても流動的です。教師が先入観を払拭して接することで、以前は「その他大勢」扱いされていた子どもが、リーダーやフォロワーとして成長します。

03

フォロワーを四つの姿で捉える

≫フォロワーの役割を分けて捉えて、一人でも多く育てる

すべての子どもたちは、リーダーになる可能性を秘めています。ただし、一つの集団の中で、全員がリーダーになるのは現実的ではありません。リーダーを支えるために、子どもたちをフォロワーとして育てましょう。フォロワーの役割は、次の通り多様です。

- **支えるフォロワー**…学級の仲間に安心を与え、活動を助けてくれる
- **応援するフォロワー**…学級の仲間に勇気を与え、活動を促してくれる
- **付いて行くフォロワー**…学級の仲間に自信を与え、活動を力強くしてくれる
- **批判するフォロワー**…学級の仲間に気付きを与え、活動の質を高めてくれる

いずれも、学級の仲間をフォローすることで、安心や勇気、自信や気付きを与えてくれます。フォロワーの存在が、学級として行う活動をよりよいものへ高めてくれます。

子ども同士の関係性について、一般的にはフォロワーはリーダーに従うという考えがありますが、学級フォロワーはリーダーと上下関係では結ばれません。SNSのフォロワーとも違います。学級の対等な仲間として接します。場面によっては、フォロワーの中での役割が変わるだけではなく、リーダーとフォロワーが入れ替わることもあります。

また、フォローするのはリーダーだけではありません。学級のどの仲間にも影響を与えます。だからこそ、一人でも多くのフォロワーを育成して、学級のすべての子どもをフォローできるようにします。そして、フォロワーの役割を多様に捉えることで、「その他大勢」扱いされそうな子どもがフォロワーになるチャンスを増やします。教師主導ではなく、子どもと一緒に学級をつくるために、リーダーだけではなくフォロワーの育成に注目しましょう。

フォロワーの主な役割

04

支えるフォロワーを育てる

≫ 仲間として対等な立場で支える意識を育む

支えるフォロワーは、学級の仲間に安心を与えて活動を助けてくれる存在です。支えるフォロワーを育てるポイントは、次の三つの意識を育むことです。

・**自他の尊重**…自己犠牲を強いることを避ける
・**仲間意識の拡大**…他者を仲間と認識できるように関係づくりをする
・**未来の目的意識**…長い目で見てよりよい結果につながる判断をする

一つ目は、自他を尊重することです。利他的な姿勢は大切ですが、自己犠牲を強いたり、気が利く子どもが損をしたりする関係をつくらないようにします。フォロワーにならなくても一人の児童・生徒として尊重されていることを大前提とします。まずは教師が「その他大勢」として接するのではなく、その子のよさや努力を見つけて認めます。子どもは心が満たされれば、仲間に対して思いやりのある行動をしやすくなります。

二つ目に、仲間意識を育てます。子どもたちは、あまり親しくないクラスメイトへの興味が薄く、「その他」扱いすることがあります。その意識を変えて、同じ仲間として認め合えるようにします。その第一歩は、共同での活動を通してお互いを知ることです。時には、しんどさや面倒くささを正直に話せる機会をつくります。「大変だけど、私はがんばる。だから、あなたも一緒にがんばろう」と本音で言える関係を目指します。

三つ目に、仲間を支えるために、目先の損得に左右されない判断力を育てます。判断に迷う時は「そもそも」をキーワードにします。個人で決めた内容や集団の合意したことを思い出し、本来の目的に届くように仲間を支えます。より多くの仲間にとってプラスとなる道を探るだけではなく、時にはみんなで少しずつ負担を分かち合う判断をする時もあります。リーダーを孤立させずに、未来を見据えてリーダーを支えます。

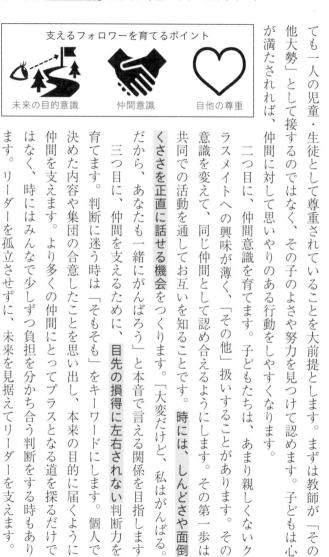

05

応援するフォロワーを育てる

観客ではなく仲間として応援をする

応援するフォロワーとは、学級の仲間に勇気を与えて行動を促してくれる存在です。子どもたちにとって、学級の他の仲間を応援しづらい状況は意外と多いものです。例えば、関係が疎遠だと「わざわざ応援すると目立つのではないか」と躊躇することがあります。また、ライバルとして強く意識していたり、逆にクラスメイトに無関心だったりすると、応援する意欲は起きません。次の二点を大切にして、応援するフォロワーを育てましょう。

- **仲間として応援する**…同じ立場を生かして、相手の心に響く応援をする
- **うまく許せる**…寛容な気持ちで結果だけにこだわらない

同じ状況に置かれた
仲間として応援する

一つ目は、仲間意識をもって同じ立場から応援をすることです。他人事として無関心なままにせず、外野から適当に応援をすることもしません。同じ学級に所属し、同じ状況に置かれていることを生かして、応援する相手の状況を理解して、一緒に前に進みながら応援します。上の図のように、伴走しながら応援するイメージです。

二つ目は、お互いをうまく許し合える関係をつくることです。応援で鼓舞される時、関係ができていないと「お前に言われたくない」と内心思うことがあります。また、応援したのに行動によい変化が見られないと「せっかく応援したのに、なんだあいつは！」とイライラして、トラブルになることがあります。寛容な気持ちで応援をします。相手の状況を推察して、応援する側の期待や希望を言葉で伝えましょう。応援を通してコミュニケーションを図り、子どもたちの関係づくりをします。

学級内で応援し合う経験を積むと、応援すること自体が楽しくなります。場面によって「応援する—応援される」という関係が変わり、応援の輪が広がります。子どもたちにとって、クラスメイトは「その他大勢」ではなく、仲間に変わります。

06

付いて行くフォロワーを育てる

付いて行く目的と目標を共有する

付いて行くフォロワーは、学級の仲間に自信を与えて、仲間の行動に力強さを加える存在です。このタイプのフォロワーを育てる難しさは、付いて行くことが目的化しやすいことです。子どもたちの多くは、小さなグループをつくって維持しようとします。集団で「浮く」ことを恐れるからです。深く考えずに他者に付いて行くことに慣れると、学級として普段の関係を超えて活動する時に、次のような問題が生じやすくなります。

・**自分を他者に合わせる**…自分の気持ちを封じ込めて他者に同調する
・**相手を自分に合わせる**…自分の都合を優先させて無理矢理付いて行く

一つは、我慢しながら他者に付き従う問題です。本当はおかしいと思っていても、関係を維持するために行動を共にします。もう一つは、わがままで他者に勝手に付いて行く問題です。自分の都合を優先するため、相手は余計なお世話だと感じます。

このような問題を乗り越えるために、付いて行く目的をはっきりさせます。自分の都合に合わせず、相手の都合を必要以上に考えて遠慮することもなく、学級として必要な行動を考えます。そして、付いて行く相手に対して「あなたの行動は間違っていない。自分も賛成する。学級のためになっている。だから一緒にがんばろう」というメッセージが伝わるようにします。同じ目的を叶えるために進む同志として、仲間をフォローします。

子どもたちが小さなグループをつくって「群れる」のは、不安があるからです。間違っていないという自信が必要です。ただ、根拠のない自信は道を間違える危険があります。また、ゴールへの道がたくさんあると不安が増します。そこで、目的と目標達成への道標を共有します。ゴールに到達する道は複数あっても、共通した目標が見えると迷走しません。付いて行くフォロワーを育て、不安な仲間を後押しできるようにしましょう。

07

批判するフォロワーを育てる

批判を通して視野を広げて前向きに進む

批判するフォロワーは、学級の仲間に気付きを与えて活動の質を高めてくれる存在です。人間関係を崩すことなく健全な批判をする力を育てます。これは簡単ではありません。意見を批判されると、自分を否定されているように感じるからです。また、みんなの前で批判をされると、さらに嫌な気持ちになることがあります。いくら教師が「意見を批判し合って吟味することが大切だよ」と伝えても、「批判されるくらいなら意見を言わない」と委縮する子どもが出てきます。

特に、学級活動は教科の学習以上に正解が見えません。唯一の正解を求めるよりも、個人としての納得解や集団としての合意解を目指します。しかし、批判をされると納得しづらくなり、感情的な反発が生まれて合意形成を妨げます。

そこで、矛盾を指摘する形の批判ではなく、視野が広がるような鋭い批判を目指します。具体的には、対話の場で次の言葉が出てきたら、積極的に取り上げて価値を認めます。

- **視点を変える**…「それって見方を変えれば」「逆の立場から考えると」
- **本質を探る**…「そもそもさ」「何にこだわればよいのかな」
- **過去の経緯へ目を向ける**…「どういう流れだったのかな」「前と比べて」
- **未来のゴールへ目を向ける**…「そうすると、後でどうなるかな?」

一つ目は、異なる立場に注目して多角的に考えることです。二つ目は、本来の目的を振り返ることです。三つ目は、二つ目の方法と似ていますが、現在に至る経緯を振り返ります。四つ目は、先を見通して推測をします。いずれも、視点を変えて冷静になり、新たな発想を得る効果があります。「批判」はネガティブな印象をもちやすい言葉ですが、**よりよい形を目指して前向きに批判する**経験を積めるようにします。

子どもは経験を積むと「そういう考え方もあるけれど、私は～」など、相手を尊重しながら建設的な意見を述べます。「良い言葉」の使い方を身に付ける機会をつくりましょう。

08

周りの人をサポーターにするチャンネルをつくる

義務感ではなく楽しさで持続可能なつながりをつくる

学級サポーターは、教室の外からリーダーやフォロワーを後押しする存在です。担任・副担任以外の教職員や同じ学年の他の学級の子ども、上級生や下級生、保護者、地域の人達などがサポーターになる可能性があります。

学級サポーターを増やすためには、持続可能な仕組みと楽しい仕掛けが大切です。次の二点を意識して、周りの人をサポーターにするチャンネルを開きましょう。

- **持続可能な基礎の構築**…マイナスを補わずにプラスを積み上げる
- **楽しい仕掛け**…負担は軽くして、やりがいは大きくする一点目は、学級をよりよくするために力を借ります。逆に、学級で足りないものを補う形だと、サポーターは手伝いを止めづらくなります。まずは、力を貸してくれると助かる内容を担任が子どもたちと一緒に考えて具体化します。内容は一つではなく、複数あると参加の間口が広がります。また、他の学級と相互にサポートをします。お互いの得意分野で助け合えることを探り、複数の学級の合同で行えるイベントを企画しましょう。

二点目は、サポーターが楽しさを感じられるようにします。保護者にしても地域の人にしても、本来の仕事や生活がある中で、学級のためにひと肌脱ごうとしてくれます。負担にならないことはもちろんですが、簡単すぎる内容だと「これって意味あるのか？」と感じて意欲が高まりません。例えば、ドローンを扱える地域の人による撮影会や、庭造りの上手な保護者を先生役にした花壇づくりなど、「この人だからできる」活動を入れましょう。これらの活動は、持続性には欠けます。しかし、地域とのつながりや人脈を広げれば、**特技をもった外部の人が学級や学校で活躍するという仕組みは持続します**。持続可能性と独自性を両立させて、サポーターの力でわくわくする体験を増やしましょう。

09

役割を変更できるシステムをつくる

リーダーとフォロワーを固定せずにローテーションする

学級の子どもたちを「その他大勢」にしないために、二つの仕組みを整えましょう。一つは、役割を変更できる仕組みです。もう一つは、仕組みを変える仕組みです。まずは、役割を変更できる仕組みの具体と効果について考えます。

学級では、係や委員などで子どもたちが組織化され、役割を与えられています。また、「盛り上げ役」や「沈黙が流れた時に発言するポジション」など、学級の雰囲気で役割が固定化されていることがあります。役割が固まると安定する反面で、リーダーの子どもには負担がかかり、「その他大勢」扱いされる子どもは活躍の機会が制限されます。

役割を変更できる仕組みをつくるポイントは、次の三つです。雰囲気と手続きの両面を整えて、挑戦しやすく、もし失敗しても次の機会が保障されるようにしましょう。

・**交代する意義の理解**…変わることを許容する雰囲気をつくる
・**前に出る不安の低減**…リーダーとフォロワーの具体的な役割を共有する
・**柔軟な交代手続き**…流れに応じて何度でも交代できる制度を学級内につくる

一つ目に、役割の交代は無責任の結果や懲罰ではないと理解するようにします。交代することで責任を分担し、個々の成長の機会にもなると納得できるようにします。

二つ目に、役割を具体的に示します。リーダーもフォロワーも、タイプが複数あることを理解して、子どもたちが「自分にもできる役割があるかも」と思えるようにします。

三つ目に、役割を交代する手続きを決めます。クビではなく、プロレスのタッグマッチやバスケットボールの試合のように、何度でも交代できる仕組みにします。ダメだから変えるのではなく、流れや場に応じてリーダーやフォロワーが交代できるようにします。特に学級内の活動では、肩書きにこだわらずにローテーションする仕組みをつくりましょう。目立たなかった子どもが成長するきっかけになります。

前向きに役割を交代する仕組みをつくる

10 システムを変えるシステムをつくる

枠組みを問い直して仕組みを改善する

学級で活躍の機会が少なく、「その他大勢」扱いされる子どもたちをなくすには、教師や子どもたちの意識を変えるだけでは十分とは言えません。子どもたちが当事者として学級づくりを自治的に進める仕組みをつくりましょう。ただし、最初から完璧な仕組みをつくることはできません。次のように、子どもたちの願いに合わせて仕組みを整えます。

- ・**子どもたちの権限の明示**…子どもたちができることの範囲を示す
- ・**合意形成と意思決定の手続きの整備**…集団及び個人の進む道をつくる

一点目は、子どもたちの自治的活動の範囲を明示して、学級全体で共有します。子どもの手で決めることができる内容に加えて、決めることができない内容も示します。決めることができない内容とは、学校や学年でそろえることや危機管理上の問題です。それ以外のことは、子どもたちの意見をすぐに否定せず、検討の上で採用の可否を決めます。

二点目は、学級として合意形成をする手続きを整備します。私の場合は、学級会を月一回の頻度で行い、毎週一回、十分程度の班長会議を開催していました。

現在の枠組みで不具合を感じる場合は，
無理に対応せずに枠組みを変える

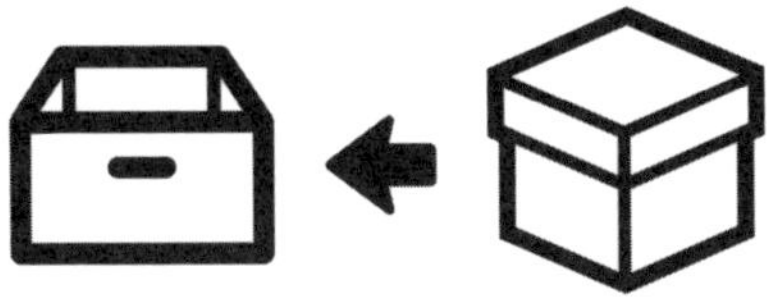

例えば、席替えであれば、出席番号順や全員ランダムなどの方法を班長会議で決めます。ただし、席替えに関する問題が生じた時は、担任の権限で席を変えることと事前に確認します。子どもたちは「そもそも、なぜ席替えがあるのか？　今の方法でねらいは達成できるのか？」と枠組み自体を問い直し、結論として席を固定せずに自由を残す仕組みを模索しました。そして、秋頃からは「班長のみ自由で班員はランダム」という方法を採用しました。

自由度が増すと、子ども一人一人が「自分は何をすべきか」を考え、意思決定をして行動します。「その他大勢」の子どもはいなくなり、持ち味を生かして学級に貢献するようになります。

Chapter 4

NG×OKで考える子どもを「その他大勢」にしない学級づくり

学級開き

OK

不安を軽減して徹底的に個とかかわる

安心と安全を前面に打ち出して不安を軽減した上で、一人一人の子どもとかかわる時間を少しでも多くつくる

NG

教師の願いや細かい仕組みを一方的にわからせようとする

教師の思いや細かいルールを一斉指導で語ると、逸脱した子どもばかりに目が行って、多くの子どもを「その他」扱いしてしまう

NG　教師の願いや細かい仕組みを一方的にわからせようとする

①子どもの気持ちを汲まないと空回る

　学級開きの目的は、目指す学級の姿を共有することです。ただし、それは教師側の目的であり、多くの子どもたちは何らかの目的意識があるわけではありません。「自分はこの学級でやっていけるだろうか」「どんな先生なのか」などの不安でいっぱいです。子どもたちの気持ちを推測せずに、一方的に教師が語り続けても、上の図のように、すれちがいが生じます。子どもは不安という個人の課題に目が向いた状態です。その状態で集団のあるべき姿について語っても、思いは伝わりません。

不安でいっぱいの子どもたちに，
教師の思いは伝わらない
友達できるかな
このクラスが
目指すのは…
暑苦しい
先生だな

　一人一人の子どもの状況に思いを馳せると、担任としての認識が「新しい学級の生徒」から「○○さん」へと具体化されます。そして、それぞれの願いと教師の願いを掛け合わせて、学級の方向性を定めましょう。

②一斉指導に頼りすぎると「その他大勢」を生む

学級開きは子どもたちの集中力が高く、一斉指導がしやすい時期です。だからといって、きまりや仕組みについて細かく話しても、情報過多で理解が追いつきません。その結果、話に飽きて聞く姿勢が崩れた子どもを注意することになるかもしれません。

逆に、学級として大切にしたいことや線引きがあいまいだと、子どもたちは困惑します。意図せずに望ましくない行動をした子どもが出てきます。その子の指導に追われると、他の子どもたちは放置されます。結果的に「その他」扱いをしてしまうことになります。

ほめることにも注意が必要です。例えば、一斉指導の中で、聞く姿勢の立派な子をほめます。その一方で「可もなく不可もない」印象の子どもは、注意をされませんが、ほめられもしません。このような接し方は、「その他大勢」という認識を生む原因になります。

OK　不安を軽減して徹底的に個とかかわる

①集団としての基盤をつくる

学級開きですべきなのは、一人一人の子どもたちの不安を受け止めて軽減し、安心を増やすことです。それが学級の基盤になります。私の場合、次のように端的に話します。

ぬくもりがあり、仲間と本音で語り合える「温泉のような学級」をつくりましょう。

温泉というたとえを通して、学級のビジョンの中に安心できる場にするという願いを示します。不安を感じる子どもたちに伝わるように、学級の方向性を示します。

さらに、一人一人の子どもを守るために「超えてはいけない一線」を明言します。基準を共有して、叱る指導を減らすためです。具体的には「一人一人の安全を保障すること」を学級唯一のルールとして示し、安全が脅かされる時は厳しく対応すると話します。

②個々の子どもとのかかわりに全力を尽くす

学級の時間の他に、すき間時間にも一人一人の子どもと一秒でも多くコミュニケーションを図ります。一対一で話すこともあれば、小グループの輪に入ることもあります。交流の積み重ねによって子どもへの理解が深まるとともに、子どもの不安を軽くします。

私の場合は、始業式・入学式からの一週間で、学級全員の子どものよさを具体的なエピソードを添えて学級通信に載せるようにしていました。子どもと保護者が目にするので、ごまかしは効きません。学級の全員が、かけがえのない魅力をもつ子どもであると証明します。

1学期の学級づくり

NG

極端な自由と管理に走る

子どもたちの試すような動きに流されると学級は無秩序になり、過敏に反応して管理を強めると「その他大勢」の子どもが増える

OK

今の学級にピッタリの仕組みを探る

リーダーとフォロワーが動きやすいように、学級のシステムを調整する

NG 極端な自由と管理に走る

①好かれようとする気持ちが基準をぶれさせる

一学期の最初、子どもたちは周りの子どもや担任の様子をよく見ています。また、教師を試すような行動をすることもあります。

それらの動きは、学級の枠組みを探ろうとする意識に起因します。教師としては、学級開きの段階でルールやシステムを説明し、子どもたちと共通認識を図ったつもりになります。しかし、実際にどのようにルールが運用されて、どのようにシステムが機能するかは、子どもたちの実態に左右されます。子どもたちは、そのずれをほぼ無意識に探ります。

様子見や試すような行動に対して、教師が間違えた反応をすると学級は崩れはじめます。

次の二点は特に気を付けましょう。

・**教師による基準の破壊**…特別扱いや例外が横行して無法地帯になる
・**規律の厳格な適用**…危機管理を超えて過度の管理をして子どもたちが委縮する

一つ目は、「まあ仕方ない」と例外をどんどんと認めることです。私たち教師は、できることなら子どもたちに嫌われたくないという思いがあります。その思いが悪い形で出ると、学級開きの時点で定めたルールやシステムが教師の手によって壊されます。

ルールやシステムが壊れると、学級は弱肉強食になります。発言力が弱い子どもや徒党を組むのを嫌がる子どもは、「その他大勢」として教室で過ごすようになります。

②管理を強めると子どもは委縮する

二つ目に、子どもによる試すような行動を防ぐために、「ここは締めていこう」と教師による管理を強める対策を取ると、結果的に学級は崩れます。多くの子どもたちは自己主張を控えます。一部の子どもたちは目立つ動きをしますが、教師に目を付けられて指導を受けます。その結果、特定の子どもは問題行動を繰り返し、その他の子どもはしなければいけないことを淡々とこなすだけになります。教室から活気が失われ、子どもが活躍するために用意した仕組みは機能しなくなり、多くの子どもたちが「その他大勢」と化します。

OK 今の学級にピッタリの仕組みを探る

①動かせる枠と動かせない枠をはっきりさせる

仕組みの改善できる部分を明示する

一学期は学級の枠組みを形づくる時期です。変えてもよい部分と変えてはいけない部分を押さえて、子どもたちの行動に対して適切な対応をします。

変えてはいけないのは、危機管理に関する枠組みです。安全を揺るがし、他者を傷付ける動きには厳正に対処します。絶対にぶれずに、貫き通す覚悟をもちましょう。

変えてもよいのは、リーダーやフォロワーの役割に関する仕組みです。子どもたちが動きやすい形に改善しましょう。子どもたちの活動に手応えが生まれて、自信が出てきます。

②フォロワーをリーダーとつなぐ

リーダーだけで学級を動かすのは大変です。フォロワーの支えや応援が必要です。一学期の内は教師がフォロワーとリーダーを仲介して、関係づくりを手伝いましょう。

また、フォロワーを固定化せずに様々な組み合わせを試してみることが大切です。いろいろな子どもが活躍する機会をつくります。リーダーとフォロワーの組み合わせに応じて学級の枠組みを調整して、「この学級の今にフィットするシステム」の構築を目指します。

2学期の学級づくり

NG

目立つことばかりに力を入れる

大きな学校行事に夢中になって普段の教室での生活をおろそかにし、特定の子どもばかりを重用する

OK

隠れた輝きを発見する

コツコツと努力を続ける子どもにスポットライトを当てながら、子どもと教師が共同で学級経営をする

NG 目立つことばかりに力を入れる

①行事だけに力を入れない

夏休みから冬休みまでの約四か月間は、学級づくりのヤマ場であると考えます。単に長い期間であるだけではなく、どの校種でも十月頃までは大きな行事が続き、成長の機会が豊富だからです。また、十一月や十二月になれば、学校が計画する行事は減る分、学級の裁量は大きくなります。学級独自の活動を通して、日常を充実させることができます。

このように、二学期は大きな成長の可能性を秘めています。しかし、教師としてのかかわりや学級の仕組みづくりを間違えると、「その他大勢」の子どもたちが固定化されてしまう時期でもあります。特に気を付けたいのは、学校行事ばかりに力を入れることです。

そうすると、次の二つの問題が生じます。

- **子どもたちの関係性の固定化**…リーダー・フォロワー・「その他」を決めつける
- **行事以外の軽視**…授業や毎日の係活動などを行事とは別物として捉える

一つ目は、「この子はリーダー」と役割が固定化することです。学校行事に向けて、発信力や行動力の高い子どもに頼るのが当たり前になると、リーダーに従うだけの子どもは「その他」扱いされてしまいます。

二つ目は、学校行事に力を入れる余り、普段の授業などの活動を軽視することです。学校行事では持ち味を発揮しづらい子どもの場合、集団に埋もれて目立たなくなります。

②子どもの可能性に見切りをつけない

担任をしていると、二学期に入れば子どもとの関係が安定し、それぞれの子どもの理解が進んだという手応えが出てきます。しかし、私たちが知っているのは、子どもの一面に過ぎません。また、子どもは日々変化します。わかったつもりでいると、間違った接し方をして子どもの成長の芽を摘んでしまう恐れがあります。

OK 隠れた輝きを発見する

①目立たなくても大切な成長をじっくり探す

二学期は期間の長さを生かして、腰を据えて子どものよさを見つけることが大切です。仲間へのちょっとした気遣いや、コツコツと努力を積み重ねる様子などを発見し、その価値を学級全体で共有しましょう。

学校行事での活躍は「派手な成長」です。それも大切ですが、**地味でも学級をよりよくする成長に目を向けましょう。**

②子どもと教師で学級を共同経営する

大きな学校行事を通して、子どもたちは合意形成の手続きや、行動と振り返りのサイクルを身に付けていきます。その経験を生かして、普段の教室での生活をよりよくするために、子どもが担任と共同して学級を運営していきましょう。

教師と子どもたちが共同して学級経営を改善する方法を考える

例えば、普段は前に出ることが少ない子どもをリーダーに抜擢し、普段のリーダーはフォロワーに配置します。他には、学級の改善すべき点に関する意見を記入してもらい、発言が少ない子どもの意見を取り上げて話し合いに生かす方法があります。全員が学級経営に参画する仕組みを機能させます。

個々の子どもの資質・能力に依存している状況では、自治的活動は停滞します。子どもたちが役割を流動的に果たしながら、集団としてはまとまりのある状態を目指しましょう。

3学期の学級づくり

NG

学級の状況に合わない目標にこだわる

ゴール自体やゴールに向かう意義を見失うと、冬休みから卒業・進級までの時期を、まとめの期間として活用できなくなる

OK

安定した土台の上に新しい仕組みを創造する

自治的な活動の総仕上げとして、すべての子どもたちの力を生かして、学級の「改築」に挑戦する

NG 学級の状況に合わない目標にこだわる

①目標と実態がかけ離れている

冬休み明けからの二か月余りは、学級のまとめを行う期間です。学級のゴールが見えてくる時期ですが、学級に活気が感じられないことがあります。その原因はいろいろと考えられますが、可能性の一つが、目標と現状が次のようにずれている場合です。

・学級のゴールに到達できずに、あきらめる雰囲気になっている
・学級のゴールに到達したと認識し、惰性で学校生活を送っている
・学級のゴールを見失ったり、そもそもわかっていなかったりする

一つ目は目標を高く設定した結果、達成ができずにあきらめムードが漂う状況です。その状況で教師がいくら叱咤激励をしても、子どもたちの反応は芳しくなく終わります。「どうせ結果は変わらない」と感じているからです。むしろ、目標の再設定が重要です。

二つ目は、学級のゴールが低く設定されていて、簡単に到達している状況です。物足り

なさを感じる場合もありますが、惰性でダラダラと生活することもあります。

三つ目は、ゴールがあいまいで、子どもたちがゴールをわかっていない状況です。集団として達成する目標が見えないので、子どもたちはバラバラに過ごして終わります。

②ゴールがあいまいだと仲間意識は育ちづらい

学級のゴールの設定が実態とかけ離れていると、子どもたちの間で仲間意識が芽生えません。お互いに協力する必要性を感じないからです。親しい友人同士で小さなグループをつくって満足し、他の子どもたちは「その他大勢」として認識されます。

学級目標を含めて学級のゴールを再設定し、ゴールに到達するための課題を明らかにすることが、三学期の学級づくりのポイントです。せっかくのまとめの時期を、物足りなさを感じたまま過ごさないようにしましょう。

OK 安定した土台の上に新しい仕組みを創造する

①新しい学級の形を創造する

三学期はまとめの時期ですが、これまでの経験を生かして新しいことへの挑戦を勧めます。自治的活動の度合いを強めて、「このメンバーにとっての最適な学級のシステム」を創造しましょう。残された時間が少ないからこそ、理想の実現を目指します。

イメージは、家のリフォームです。左の図のように、三学期までの間に築いた基礎はそのままにして、子どもたちが過ごしやすい形に改築をします。壁の塗り替えだけではなく、思い切って壁を壊して別の形にすることもよいでしょう。

②「その他大勢」の子どもをつくらずに全員で対話する

学級の仕組みを思い切って変える時に、リーダーなど一部の子どもたちだけが主導すれば、いびつな形になります。また、教師主導になれば、注文住宅のようになります。コスパがよくて過ごしやすくても、子どもたちの実態に合った仕組みとは言えません。

学級独自の活動を考えたり、学級の約束事を変えたりする時に、すべての子どもたちの意見を反映させます。合意形成の難度は上がりますが、結果にかかわらず、全員で対話した経験は残ります。学級の土台ができていれば、少しの失敗くらいで学級は揺るぎません。三学期は失敗を恐れずに、子どもたちが自治的に動く場をつくりましょう。

すべての子どもたちの願いを反映して
学級をリフォームする

学級じまい

NG

安易に「この学級は良かった」と評価する

基準があいまいなまま振り返りをすると、雰囲気で「良かった」と評価し、学級の成長を具体的に確認できない

OK

一人の例外もなく成長して学級を支えたことを実感する

一人一人の違いを生かした学級づくりができたことを振り返って、新しい環境でも自分の足で歩き出せる自信をもてるようにする

NG 安易に「この学級は良かった」と評価する

①「良い」と「悪い」の二択は学級を分断する

卒業や進級の直前には、これまでの学級の歩みを確認します。そのねらいは、新しい環境に向けて成長を確認することにあります。学級や個人の良い面に目を向けることになりますが、気を付けたいのはあいまいな理由で「良かった」と総括することです。次のような問題につながり、せっかくの学級じまいの時期に子どもたちが分断されます。

・「良い」か「悪い」の二択だと、学級の多様な姿を評価しきれない
・「良い」と感じない子どもたちが蚊帳の外に置かれてしまう

一つ目の問題は、「この学級は良かったか」という問いは、「良い」と「悪い」の二択で判断するため、学級の多様な価値を評価できないことです。評価のものさしが大きすぎて、学級の成長を捉えることができません。

二つ目の問題は、学級で活躍の機会がないまま一年を過ごした子どもは「良い学級」と

感じないことです。他の子どもたちが感傷的になる雰囲気の中で「良いクラスだったよね」と言えば言うほど、そう感じていない子どもは蚊帳の外に置かれます。

②学校自体を嫌にさせる

もし学級の中に「その他大勢」扱いをされてきた子どもたちがいると、「学級のみんなで楽しく過ごしたと言うけれど、私は『みんな』に入っていない」と感じます。学級への所属感を高めることができず、今の学級だけではなく、学校教育そのものに対して期待しなくなるおそれがあります。卒業や進級後の生活を前向きに捉えるのが難しくなります。

OK 一人の例外もなく成長して学級を支えたことを実感する

①異なる成長の仕方を具体化する

学級じまいの場面で、私は一年間発行し続けてきた学級通信と、一年間の学級会の記録を使って振り返りをします。学級通信は教室の壁などに順番に掲示し、学級会の記録は印象的な意見を吹き出しの形で印刷し、発言者を記入します。これらの記録を使って、学級全体の成長を確認すると同時に、成長を支えた一人一人の姿を心に焼き付けます。

年間を通して、一人一人の活躍の姿を記録に残しておくことが大切です。「その他大勢」

１つの面で成長したか，複数の面で成長したかは，子どもによって異なる

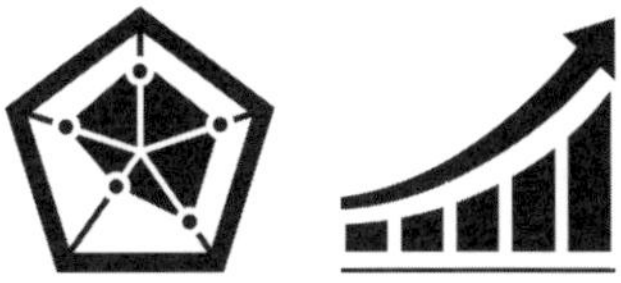

をつくらないように、三月になって急に準備するのではなく、四月の学級開きの時からゴールを意識した準備をし続けます。

子どもたちは、上の図の棒グラフのように、一つの面でよさを伸ばす場合もあれば、レーダーチャートのように複数の面で成長が見られる場合もあります。どちらがよいというわけではありません。集団としての成長の方向性も同じです。評価のものさしをたくさん用意して、一年間の学校生活での成長を、子どもたち全員が実感できるようにしましょう。

②子どもたちがお互いを仲間として認め合う

同じ教室で過ごしていても、全員が友達になるわけではありません。学級の仲間として、一緒に学級をつくってきたことがわかれば十分です。

一年間の歩みを振り返って、子どもたちが「あまり親しくはないけれど、～をがんばったことはわかっている」と認め合える関係をつくります。他者から認められると、新しい環境への不安は軽くなります。学級で成し遂げたことが自信になり、四月から所属する集団で「その他大勢」として埋もれずに、できる形で集団に貢献する意欲が芽生えます。

学級目標づくり

NG

子どもたちのものになっていない目標を決める

学級目標を意識する価値がわからず、最終的なビジョンを共有できないので、仲間意識が芽生えない

OK

すべての願いをつなぐ目標をつくる

学級スローガンを決めて個人目標を連動させることで、全員の願いと学級のゴールを結び付ける

NG 子どもたちのものになっていない目標を決める

①合意形成ができていない目標は逆効果になる

学級目標は、ただの子どもたちの集まりを学級という組織にする上で、大きな役割を果たします。**学級のゴールと、ゴールに届いた時のビジョンを全員で共有しやすい**からです。しかし、学級目標の意義を理解せずに形だけの目標をつくると、集団としてのまとまりを欠きます。形だけの学級目標とは、次のようなものです。

・**内容が形だけの目標**…学校教育目標や経営方針、個人目標などとの関連性がない
・**手続きが不十分な目標**…合意がなされず、子どもたちが目標を受け入れていない

一つ目は、方向性の定まらない学級目標です。学校教育目標や学級目標、行事の目標、生活目標、学習目標など、学校は目標で溢れています。それぞれの目標に関連性がないと、目標に価値を見出せずにすぐ忘れられます。そもそも覚えることもないかもしれません。
形だけの目標になる原因の二つ目は、手続きの不備です。担任が考えた目標を押し付け

るのはもちろん、特定の子どもの意見だけで決めるのもよくありません。ただ、全員の意見を否定しないで目標に組み込むと、目標が複雑化します。到達に向けて進む方向が見えなくなります。全員の願いを反映した結果、どうでもよい目標になってしまいます。

②仲間意識が芽生えない

目標が形だけのものだと、子どもたちは歩調を合わせることができません。結局、個人の能力任せで活動を行うことになります。仲間意識をもてずに、一部の親しい友人を除いて、クラスメイトを「その他大勢」扱いして、協力する経験が乏しくなります。

OK すべての願いをつなぐ目標をつくる

①学級目標で様々な目標を束ねる

学級目標を上手に活用すると、学校にある様々な目標を関連付けて一つに束ねることができると考えます。なぜなら、学級は学校生活の基本となる集団であり、数ある目標の中でも、子どもたちが共有しやすいからです。連動させれば、目標が風化しづらくなります。

そこで、学校の経営方針や担任の学級経営方針と、子どもの願いを掛け合わせて学級目標をつくります。学級目標づくりを通して、学校の様々な教育活動を関連付けましょう。

目標の連動が、カリキュラム・マネジメントの第一歩です。

②スローガン型の学級目標で子どもたちの願いを束ねる

学級目標は、スローガン型にしています。印象に残りやすいからです。ただし、スローガンによっては、解釈に幅がありすぎて方向性が見えづらいことがあります。そこで、学級目標に込めた願いを交流し、共通した認識をもてるようにします。

具体的には、年度始めに学校の経営方針と担任の願いを説明した上で、一人一人の子どもから「どんな学級にしたいか」という願いを聞きます。そして、願いの一覧を作成して、すべての願いに関連付けたスローガンの案を複数つくります。そして、第一回の学級会でそれぞれの案のよい点と課題を議論し、学級目標として決定します。決定後には、学級目標に到達するために力を入れたいことを個人目標にします。全員の願いを基に目標の原案を考え、学級目標決定後には個人としてすべきことを考えるため、子どもの意見が置き去りになりません。すべての子どもが「その他大勢」にならずに、一人一人が学級の支える役割をもつことができます。

スローガン型の学級目標でゴールとビジョンを共有する

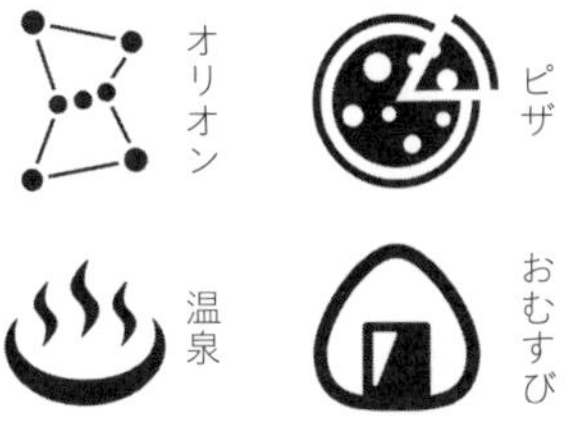

学級通信

NG

紙面で形だけの平等な扱いや扱いの偏りがある

≫

子どもに関する情報を掲載する意図が読み手に伝わらずに、学級としてのよさが見えず、労力の割に効果が少ない

OK

学級通信を全員の成長のアルバムにする

≫

時間や空間、関係性に着目して子どものよさを発見して、成長の瞬間を記録に残す

NG 紙面で形だけの平等な扱いや扱いの偏りがある

①学級全員の情報を掲載すればよいわけではない

学級通信は、義務ではないのに多くの学級で発行されます。学級担任の発行方針によって、次のようなタイプに分けることができます。

・**リマインダー型**…時間割や行事予定、提出物の締め切りをお知らせする
・**アルバム型**…子どもの写真や作品を多く掲載する
・**ドキュメンタリー型**…子どもの発言や成長の様子を克明に紹介する
・**ブログ型**…担任の教育観や児童生徒観を文章で綴る
・**引用型**…教育や心理学の理論や格言を紹介する
・**掲示板型**…保護者の意見を掲載し、紙面上でやりとりする

実際の学級通信では、これらのタイプを組み合わせますが、注意すべきなのは子どもの様子や作品の取り上げ方です。例えば、習字の作品を全員分掲載すると、書道を習ってい

る子どもの作品は目立ちます。習字を苦手にしている子どもは、掲載されるのはうれしくないかもしれません。そして、とてもうまいわけでもなく、字が崩れているわけでもない大多数の子どもの作品は、注目を浴びずに終わります。

保護者の立場からすると、自分の子どもの作品と、上手な作品だけを見て、後は「その他」扱いになります。それは読み手の責任ではありません。書き手の教師の掲載方法の責任です。全員分を掲載するという形だけの平等が、子どもたちの扱いを不平等にします。

②楽しみにできない学級通信は効果が薄い

アルバム型やドキュメンタリー型の記事で、活躍する子どもを中心に記事を書くと、リーダーや特技のある子どもばかりが紙面に登場します。特定の子どもと保護者以外は、読む楽しみが少なくなります。学級通信では、担任が「書くに値する」と判断し、保護者と子どもが「読むに値する」と納得しないと、労力の割に効果がありません。

OK　学級通信を全員の成長のアルバムにする

①担任だからできる学級通信にする

学級担任として子どもと接すると、目立たずに「その他大勢」扱いをされる子どもが、実は学級で大きな役割を果たしていると気付きます。そこにスポットライトを当てます。

②学級通信を武器にする

　子どもの様子について、時間・空間・関係性の三つの面に注目すると輝きに気付きます。時間に着目すると、新たにできるようになったことや、ずっとコツコツ努力を続ける姿に気付きます。例えば、空間に着目すると、学校行事でのがんばりが授業時間によい影響を与えている姿が見えてきます。関係性に着目すると、仲間をそっと後押しする姿や手を差し伸べる姿を発見できます。**教師としての目を凝らして、子どもの価値を発見しましょう。**

学級通信ですべての子どもの成長を価値づける

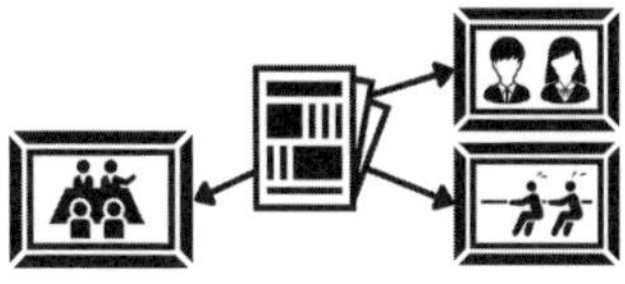

　発見した輝く姿は、読み手に伝わるように学級通信の記事にします。出来事を紹介するだけで終わらずに、成長の様子と学級にとっての意義を丁寧に説明します。学級通信にしかない情報があると、発行を楽しみに待ってもらえるようになります。

　学級の様子がわかると、保護者はサポーターとして応援をしてくれるようになります。子どもたちは「先生は目立たないよさに気付いてくれる」と理解し、教室で前向きな言動や行動をする勇気をもてます。このように、学級通信を学級づくりの武器にしましょう。

当番活動・係活動

NG

マニュアルに縛られて働く活動になる

当番活動や係活動の目的が見えなくなってつまらない活動になったり、逆に面白さを求めて一つの学級が暴走したりする

OK

学級・学校をよりよくする目的に沿って柔軟に活動する

学級・学校全体をよりよくするという目的に合わせて、活動内容を工夫したり、メンバーを柔軟に変えたりする

NG マニュアルに縛られて働く活動になる

①係活動と当番活動がマニュアルをこなす作業になる

係活動や当番活動は、どちらも学級の「仕事」のような位置付けです。両者は似ていますが、次のような違いがあります。

・**係活動**…学級での生活を楽しく豊かにするために、仕事を分担すること
・**当番活動**…学級全員で分担や交代をしながら行う活動

当番活動は学級の生活を円滑にして効率化する意義があり、係は学級での生活の質を向上させる効果があります。係活動と当番活動を混同すると、活動の意義を自覚できません。いかに忘れずに作業をするかということに重きが置かれ、活動がマニュアル化されます。そうすると、子どもにとっては活動の面白さより面倒くささが勝るようになります。子どもたちの工夫の余地は制限され、大多数の子どもは決められた作業を無難にこなす「その他大勢」のように扱われます。

②自主的ではない当番活動・係活動になる

当番活動や係活動の目的が見えなくなると、係や当番をきちんと行わない子どもが出てきます。その時に、教師は「これなら意味がないから、思い切って活動を変えよう」と思うかもしれません。問題意識をもつこと自体は悪くありませんが、教師主導で活動を変えると、子どもたちは受け身なままになります。教師が変えた作業に子どもが従うだけでは、学級での生活は豊かになりません。結果的に、活動から自主性が失われます。

また、当番活動については学年や学校で統一している場合が多いでしょう。正式な手続きを踏まずに担任が独断で方法を変えると、学年内や学校としての連携が崩れます。

OK 学級・学校をよりよくする目的に沿って柔軟に活動する

①活動の目的を外さずに目標に沿った内容に改善する

まず、当番活動は生活を円滑にして、係活動は生活を充実させるためにあるという目的を押さえます。次に、目的に沿って活動の目標を立てます。

例えば、給食当番の目標なら「安全に公平に素早く給食の準備をする」などが考えられます。後は、目標に沿って活動内容の改善を図ります。この流れを教師が主導するのではなく、子どもたちの手で進めましょう。活動内容は、A・B・Cの三段階で評価することを勧めます。「こんな掃除当番は嫌だ」や「最高の給食当番とは？」などのアンケートを取り、子どもと一緒に評価基準を作ります。目標と評価基準を学級全体で共有します。

②メンバーや活動内容を固定せずに子どもと一緒に変えていく

私は係でも当番でも、人数と組み合わせの枠を柔軟にしていきます。二人ペアは「バディ」、小グループは「チーム」と、少しカッコつけた言い方をします。子どもたちと考えました。また、多くの活動でメンバーの追加を可とします。「フリー」と呼んでいました。

係や当番の構成は子どもと相談しながら柔軟に組み替える

人数の目安は教師が決めますが、実際の係や当番の人数は実態に合わせて調整します。**子どもたちに仕事の手順や内容の改善を任せると、リーダー以外の子どもたちの発言が増えます。**学級全体では声を出すのが苦手でも、少人数なら意見を言える子どもがいます。そうすると、受け身な「その他大勢」の子どもは減っていきます。

うまくいった係活動は、他の学級に情報を提供します。また、当番活動で改善が必要なことも学年や全校に広げます。学級の改善に留めず、学校全体をよりよくする意識を子どもたちに育てましょう。

学級レク・学年レク

NG

楽しいレクで置き去りになる子どもが出る

内容と手続きが公正ではないと、置き去りや受け身の子どもが多くなる

OK

選択と創造の機会を全員に保障する

全員の意見を集めながら企画をして、内容に幅を設けて多くの子どもたちが参加しやすいレクにする

NG 楽しいレクで置き去りになる子どもが出る

①公正さのないレクの残酷さを認識する

学級や学年でのレクリエーションは、多くの子どもたちが楽しみにする活動です。しかし、押さえるべきポイントを外すと、「おいてけぼりをくらった」と子どもが感じるレクになります。それは、次のように公正さを欠くことです。

- **手続きの公正さを欠く**…子どもたち全員の意見が反映されずに内容が決まる
- **内容の公正さを欠く**…楽しめる人と楽しめない人の差が大きい内容になる

一点目は、教師や子どもたちのリーダーなど一部の人達でレクを決めることです。「自分たちのレク」という意識が弱まり、もやもやした気持ちが広がります。

二点目は、得意・不得意が分かれる内容の活動にすることです。例えば球技だと苦手感の強い子どもは、存在感を消そうとします。目立つ子どもと「その他」の子が分断されます。全員で楽しむはずが置き去りになる子どもが出てしまって、レクの意義が薄れます。

②万全の準備が子どもの立場を分けてしまう

レクで難しいのは、前述した手続きの公正さを欠いても、内容が優れている場合があることです。教師や一部の子どもが練りに練った内容のレクをすると、企画づくりに参加していなかった子どもたちは楽しい気持ちになります。

一見すると問題はなさそうですが、多くの子どもたちに受け身の姿勢が根付きます。一部の子どもだけが主体性を発揮して、多くの子どもたちは「お客さん」として提供されたものを消費するだけになります。他の行事などの場面でも、教師やリーダーの子どもがすべてを決めて、他の大多数の子どもたちは従うだけという関係性ができます。集団としての成長にはつながりません。

OK 選択と創造の機会を全員に保障する

①企画から全員が参加して内容を多様にする

学級レクは、準備から楽しむことが大切です。アイデアを集めて、それぞれの利点と心配な点を討議し、集団で合意ができるようにします。ICT活用によって、意見を書いたり集約したりするのが容易になりました。対面で意見を交わしたい事項を絞りましょう。

複数の活動を組み合わせて，多様なニーズに応えるレクにする

内容については、複数のレクを組み合わせることでより多くの子どもたちが楽しめるようになります。例えば、一時間の中で五種類のレクを行い、グループごとに代表者を決めて、全員が順に参加する機会をつくります。「漢字の知識、手先の器用さ、運、絵の上手さ、運動の技能」のように、**発揮する力が異なるレクを組み合わせると、**置き去りになる子どもが減ります。

そして、レクを一度きりではなく継続します。振り返りを基にして次の企画を考えます。**教師としては、目立ちにくいけれど気になる子どもに注目します。**「引っ込み思案な□□さんだけど、今日はニコニコにして、周りの子に話しかけていたな」や「今回は○○さんがちょっと楽しめてなさそうだった」などの気付きを生かして次の企画をします。継続することで、より多くの子どもが楽しめます。

②参画の輪を学年・学校へ広げる

学級レクのノウハウは、学年や全校にも広げましょう。ＩＣＴ機器が役立ちます。

企画を学年や全校の規模で検討する時に加えて、一斉に学年レクを行う場合は、いくつかの会場で同時に異なるレクを行い、一人一台端末を使って中継をすると盛り上がります。

学級活動 10

学級会

NG

参加ではなく出席しているだけの学級会になる

学級全員で話し合う機会を生かせずに、特定の子どもの意見に議論が流されて、他の多くの子どもは賛否を示すだけになる

OK

発言者以外の思考を活性化する

他者の意見を聞いた上で自分の意見をもつ機会を生かし、学級通信等で学級会の名場面を可視化する

NG 参加ではなく出席しているだけの学級会になる

①いるだけの子どもだらけになる

学級会では、発言のルールとシステムが定着してないと参加者が限定され、つまらない場になります。学級会に出席をしているだけで自分の意見をもたず、意見をもったとしても発信せずに終わってしまいます。

学級会は、子どもたちが主体となって議論を重ねて合意形成を図る大事な場です。しかし、多様な意見が出ない場合は、発言をした一部の子どもの意見が採用されます。多くの子どもが参加者ではなく傍聴者と化し、学級会が自治的ではなくなります。

②責任のある賛否にならない

学級会で意見を言わずにいる子どもたちが多いと、決議の段階で問題が出ます。決議の方法が多数決にしても承認にしても、議論を聞くだけで自分の意見を表明することがないにもかかわらず、賛否を示すことになります。子どもたちはお互いに「なぜこの人は賛成（反対）をしたのか？」という経緯がわかりません。

そうすると、納得していない合意になります。また、「とりあえず賛成するか」や「なんとなくだけど拍手するか」という反応になります。決議をする責任の重さや合意の重要性が学級に浸透しません。決めたことが守られない原因にもなります。

OK 発言者以外の思考を活性化する

①意見を表明する方法を多様にする

学級会で傍聴者になる子どもたちを減らすために、私は二つのことを大切にしています。一つは意見を「聞く→考える→発信する」という流れをつくることです。

学級会では、参加者全員が一人の発言者に注目します。それを生かして、発言に対する反応を習慣づけます。子どもたちには共感（♡）・異論（!）・疑問（?）の三つの反応を基本とするように伝えています。また、全体に向けた発言だけではなく、事前に提案内容をグループで検討する時間や、議事の途中で周囲の子どもと自由に話す時間を設定します。さらに、ICTを活用して、発言に対して感じたことをオンラインで記入する方法もあります。発信しやすい場を整えて、子どもが傍聴者ではなく、議論の当事者として意見を表明できるようにします。

②言葉と文字で議論の流れを振り返る

子どもが学級会に主体的に参加せずに、傍聴者になることを防ぐ工夫の二つ目は、振り返りです。私の場合は、学級会が始まると基本的には口出しをしません。その代わり、議長団と事前の打ち合わせを長く行い、終了後は議論を振り返って講評します。また、学級会の様子は学級通信で紹介します。講評や学級通信では、次の二点を意識しています。

一点目は、議論のポイントになった場面を具体的に取り上げて、発言の内容や話し合いの進め方、合意の仕方にかかわる意義を話します。左上の図のように、議論を見守りながら、風向きを変えた発言や、子どもたちの心に波を起こした場面を見つけます。

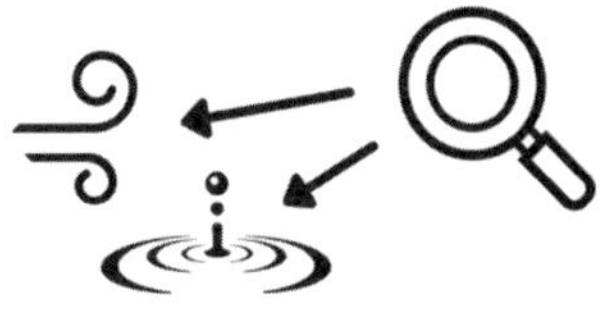

二点目は、隠れた名場面を見つけるようにします。発言に深くうなずく子、驚いた顔をした子、さっとメモを取る子など、ちょっとした動きに注目します。目立たなくても、話し合いに参加して真剣に考えている姿を探します。

議論のポイントとなった場面を紹介すると「今度は自分が発言したい」「挙手は無理でも、周りと話し合う場面では声を出してみようかな」という前向きな気持ちが高まります。学級会では集団で合意形成をすることに加えて、個人の意思決定も大切にしましょう。

朝の会・帰りの会

OK

子どもの関係性と学級の成長に合わせて中身を変える

子どもたちと一緒に内容を更新し続けて、学級の現在地とこれからの進むべき方向を短時間で共有する

NG

形にこだわって同じ活動をし続けようとする

子どもの実態に合わせるより、教師の用意したシステムに子どもを合わせると、失敗を助長し、心ここにあらずの状況をつくる

NG 形にこだわって同じ活動をし続けようとする

①主役になる場で失敗を助長する

朝の会と帰りの会の内容は、学校や学級によって内容が大きく違います。担任からの連絡事項と子どもの係や委員会、当番からの連絡を基本としつつ、順序や進行は学級によって違います。学級独自の企画が行われることもあります。日直が司会をしたり、全員の前でスピーチをしたりするのが定番です。

朝の会と帰りの会は、リーダーではなくても他の子どもの注目を浴びる場です。誰もが学級の主役になる瞬間があります。そのために、子どもが「失敗した」と感じることが起きやすくなります。例えば、スピーチで前に出た子どもが固まって上手に話せないで終わると、話す側も聞く側も辛くなります。「がんばれ」という応援が、かえって辛さを増すこともあります。子どもは内心「早く終われ」と感じているかもしれません。

全員に対して順番に一律の活動を課すと、成果には差が出ます。「この活動を朝の会や帰りの会でする必要はあるのか？　子どもの成長にどうつながるのか？」という視点で活動を問い直すべきです。

②いるだけの子どもだらけになる

朝の会と帰りの会で、子どもが前に出る場面を増やそうとした結果、内容が盛りだくさんになることがあります。例えば、当番が事務的な連絡を順に発表するなど、文字で示せば済むことを口頭で繰り返すと、内容が頭に入ってきません。

また、教師が長々と話をしても、子どもの頭には入りません。特に帰りの会は放課後に意識が向いているので集中力が下がり、座っているだけの子どもが増えます。

OK 子どもの関係性と学級の成長に合わせて中身を変える

①目的に合わせて内容を更新する

私が担任をしていた時は、朝の会は「①今週の目標の確認→②今日の重点事項→③一分間○○→④担任からの一言」を基本にしていました。事務連絡は、教室の連絡掲示板に記入しておくだけにしました。今なら、学級のホームページ等に書き込むと便利です。月曜日だけは学級通信を配布して読み、今週の目標を子どもたちで考える時間をつくりました。

帰りの会については、週末だけはグループで一週間の振り返りを行って成果と課題を出し合いますが、それ以外の日は事務連絡の内、重要なことだけを確認して終わります。朝の会が7～8分、帰りの会は3分くらいで終わっていました。

朝の会と帰りの会を「学級のゴールに向けた現在地と今後の進むべき道を確認する場」として、その目的に沿って内容を絞ることで、子どもたちが集中して参加できるようにします。内容については班長会議で随時更新し、子どもたちと一緒に改善を図ります。

②一分で関係づくりを行う

朝の会の目玉は、学級の状況に応じた「一分間○○」です。子どもたちの関係づくりに生かします。子どもたちが学級に慣れない内は「一分間トーク」として、サイコロトーキングでお互いを知る時間をつくります。雰囲気を盛り上げたい時は「一分間ミニレク」を行います。学級に他者の発言を聞く雰囲気ができてからは「一分間スピーチ&インタビュー」にします。入試が近い時には「一分間模擬面接」をしたこともあります。一分間が長い場合はさらに短縮するなど、場が凍り付かないように調整します。

いずれの場合も、教師が注目すべき動きを見つけて、活動の直後に全体に向けて伝えます。意図的に様々な子どもにスポットライトを当てて、「その他大勢」の子どもをつくらないようにします。

学級の状況に応じて「1分間○○」を取り入れる

すきま時間

NG

子どもをやわらかく管理する

休み時間や活動の合間に、教師が「望ましい」と考えるふるまいを押し付けると、子どもは自分を出しづらくなる

OK

一人でも多くの子どもを少しでも深く知るきっかけにする

様子の観察やちょっとした会話を重ねて、子どもとの関係づくりや理解の促進を図る

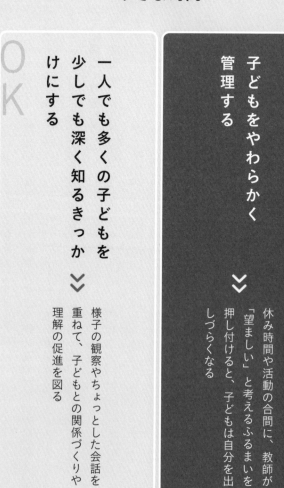

NG 子どもをやわらかく管理する

①子どもに同じ過ごし方を求める

登校から朝の会までの時間や授業の合間、給食の前後、昼休み、帰りの会の直後の時間など、学校には「すきま時間」がいくつかあります。すきま時間は、子どもたちが思い思いに時間を使えるので、授業時間とは違う一面を見ることができます。子どもたちにとっては羽を休める貴重な時間ですが、羽を伸ばしてトラブルが起きる場合もあります。

だからと言って、休み時間のきまりを事細かにつくって守らせるような対応はよくありません。子どもたちが息苦しくなります。中学校だと、休み時間に自習を奨励する場合もありますが、休み時間にまで頭を使っていては、授業時間に集中力が切れてしまいます。昼休みなどに当番や委員会活動を詰め込むのも同じです。大人以上に、子どもたちには休息が必要です。

また、逆に休み時間に学級の輪を広げようとして、昼休みや中休みに全員で遊ぶ企画を立てることがあるかもしれません。楽しければ強制してよいというものではありません。余白の時間を埋めようとせず、子どもに任せることが大切だと考えます。

②子どもたちを監視しようとする

すきま時間のトラブルを未然に防止しようとして、子どもたちを監視するような動きをするのは、学級にとって負の影響が大きくなります。一部の「トラブルを起こしがちと教師が認識している子ども」だけに注目して、他の子どもたちの様子を見て、コミュニケーションをとる機会が減るからです。また、子どもたちが「先生に監視されている」と認識すると、教師との距離を取って見えないところで問題行動を起こす心配があります。

もちろん安全管理は必要ですし、気になる子どもを何気なく視界に入れるのは、生徒指導の技の一つです。子どもたちを監視するのではなく、よい面の発見を目的に見守るようにしましょう。

OK 一人でも多くの子どもを少しでも深く知るきっかけにする

①すきま時間は「動きの癖」を克服する

すきま時間の過ごし方は、子どもだけではなく教師も同じことの繰り返しをする傾向があります。例えば、休み時間に教室にいる時に教卓の近くにいたり、廊下で他の学級の様子を見たりするなど、人によって「動きの癖」があります。そうすると、いつも特定の子どもとばかり接して、他の子どもとのかかわりが薄くなります。

その癖を自覚して、あえて違う動きをすることを勧めます。普段は接することの少ない子どもの様子がよく見えて、コミュニケーションを図るきっかけができます。

②子どものよさをスカウトのように発見する

すきま時間には、授業とは違う一面を子どもが見せてくれます。その姿を評価する時には、子どもに対する固定観念を捨てるようにします。そして、子どもの様子を前向きに解釈して、リーダーやフォロワーとしての資質の芽を見つけます。

すきま時間にはスカウトのような姿勢で，子どものよさやリーダー・フォロワーとしての適性を探る

例えば、ある子どもがさほど親しくないクラスメイトの手伝いをさりげなくしている姿を発見するかもしれません。その子は、フォロワーとして仲間を支える力を秘めています。また、休み時間に子どもと話していると、「先生も大変ですね」とねぎらってくれる子どもがいます。その子は、応援する力を生かしたフォロワーになる素質があります。学級活動で役割をつくると、きっと輝きます。

イメージは、スポーツや芸能人のスカウトです。すきま時間で子どもの隠れた魅力を発見し、どうすれば伸ばせるかを考えましょう。

授業計画

OK

子どもの実態に応じて学びのレシピを調整する

教科に関する実態と学びに対する集団としての雰囲気を分析して、最適な学習計画を構想する

NG

教師の流儀に子どもを合わせようとする

これまでの指導方法を絶対視して、子どもに適応を求めると失敗を嫌がる雰囲気がつくられる

NG 教師の流儀に子どもを合わせようとする

①パッケージ化された学びには適応しづらい

学習指導は、私たちが専門性を発揮できる業務です。実際は、多忙で教材研究ができないのが日常かもしれません。そうすると、過去の実践をそのまま使うことがあると思います。若い先生だと、指導書のようにパッケージ化された実践を参考にするかもしれません。いずれの場合も、目の前の子どもたちに合わせて準備した内容と方法ではありません。そうすると、学習についていくのが難しい子どもや、逆に簡単すぎて暇を持て余す子どもが出ます。それらの子どもへの対処は重要ですが、教師にとっては見つけやすい存在です。

それに対して、学習課題に取り組んでいるのに学習目標に達成していない子どもがいます。その子どもたちは、学んでいるように見えるができていない状況のため、教師が見つけるのは難しくなります。「実はたくさんの子どもを置き去りにしているかもしれない」という意識は、教科の専門家として常にもち続けたいものです。

②発言しない方が「得」になる

子どもたちの実態と授業の内容・方法がかけ離れていると、失敗を恐れて発言しなくなる子どもが増えます。講義型に限らず、子ども同士の話し合いの場面でも雑談はできても学習に関する対話ができないようになります。間違えるくらいなら発言しない方が「得」だと感じるからです。「目立ちたくない」という雰囲気が広がると、子どもたちが「その他大勢」のように過ごす原因になります。

OK 子どもの実態に応じて学びのレシピを調整する

①決まったレシピを子どもに合わせてアレンジする

時間に追われる中で子どもの実態を反映した学習計画を立てるために、これまでの実践や指導書などの「学びのレシピ」を少しアレンジします。次の四つの視点に着目します。

- **必要な資質・能力**…足りない部分は補い、得意な部分はさらに伸ばす
- **関心の濃さ**…関心の高い内容や意欲の高い活動を効果的に組み込む
- **習熟度**…活動の難度や時間配分を調整する
- **苦手意識や拒否感**…苦手な部分が見えづらくなるように素材を教材化する

いずれの工夫も、各教科の目標にすべての子どもが到達するための工夫です。特に、子どもの学習における現在地を確認して、現在とゴールを結ぶために必要な仕掛けや支援を考えます。

社会科を例にすると、歴史の時代区分があいまいな子どもに対しては、「昔」や「当時」などの発言に対して、何年頃か問い返します。そうすると、時期や年代の「見方・考え方」が鍛えられます。

子どもの実態に応じて
学びのレシピを変える

また、円グラフや帯グラフから必要な情報を読み取ることが苦手な子どもに対しては、類題で演習をしてから学習内容に入ったり、既習のグラフを再登場させて解き方を思い出せるようにしたりする工夫が考えられます。他にも、口頭での対話が弾まない雰囲気がある時は、質問カードを用意する方法や、ＩＣＴを使った書き込みを推奨して改善します。

②「この子のため」を繰り返す

教科で担当する子ども一人一人の顔を思い浮かべて、「この子のためにできる工夫はないか」と考える姿勢が大切です。一時間に一人の子どもを救おうとすることを一〇〇時間行えば、年間を通せばすべての子どもが主役になる学びの場ができます。一度きりの授業ではなく、長い目で子どもを置き去りにしない工夫をしましょう。

グループ学習・話し合い

NG

目的が見えないのにとりあえずグループで活動する

≫

すべきことがわからずに、雑談や特定の子どもだけが目立つ場になり、「その他大勢」として場にいるだけの子どもが出る

OK

隣の仲間を必要とする場をつくる

≫

考えを深めるために「見方・考え方」を意識した対話や活動を行い、仲間と共に学ぶ意義を実感できるようにする

NG 目的が見えないのにとりあえずグループで活動する

①意義を見出せなくて仲間になりきれない

学習活動で「とりあえずグループで」という感覚で話し合い活動を取り入れると、多くの場合はうまくいきません。それは、わざわざ集団で課題に取り組む目的が見えていないからです。モノづくりの分担と異なり、学習ではグループで取り組むと非効率的になる場合があります。多様な意見に振り回されると、一人で考える時よりも筋道立てて考察がしづらくなるからです。

また、「他の人の意見を聞いてみたい」や「私の意見を隣の人に伝えたい」という意識がなければ、しぶしぶグループになることがあります。グループで学ぶ意義を実感できないので仲間意識は芽生えません。話し合いの序盤で「○○さんの意見でいいんじゃない？」などの投げやりな提案が出て、他の子どもがそれに同意し、残り時間は雑談になるかもしれません。意義を見出せない活動をいくら繰り返しても、十分な効果は得られません。

②つらい時間を過ごす子どもが出る

グループの学習形態では、何の手立てもないとつらい思いをする子どもが出てきます。

個人の考えが固まってなかったり、他者に伝える自信がなかったりすると発言は減ります。他者の意見に対する評価もできずに「グループのお客さん」と化します。

話し合いの場で話すことができないのでは、意味がありません。子どもたちにとっては黙り続けることが当たり前になると、盛り上がるはずのグループ活動が停滞します。

OK 隣の仲間を必要とする場をつくる

①集団で学ぶ目的を明示する

グループ活動では、話し合いに限らず、作業に比重を置いた活動でも言葉のやりとりが不可欠です。そのやりとりを無目的な会話ではなく、目的のある対話になるようにします。

ポイントは次の二つです。

- **グループでの活動の目的の共有**…なんのために対話するのか?
- **グループでの活動のゴールの明示**…どこを目指して、どこまで対話するのか?

一点目は、目的の共有です。例えば、ねらいを定めて試行錯誤することが中心の玉入れ型の対話がある一方で、自由に考えを創造する砂場型の対話もあります。対話の目的については、拙著『川端裕介の中学校社会科授業　協働的な学びにつなげる対話スキル50』（明治図書出版、二〇二三年）で詳述しています。

二点目は、グループ活動のゴールです。成果として求める基準を教師が示します。最低目標と最高目標など複数の基準をつくることを勧めます。目的と目標が明確だと、子どもたちは高みを目指す勢いがつくからです。「もっと考えたい」と思える仕掛けをします。

②仲間とつながる楽しさを実感する

面倒くささや怖さから一歩踏み出し，仲間と深く学ぶ

他者と一緒に学ぶことは、意外と面倒くさいものです。しかし、いざ活動を始めると楽しくなることもあります。その楽しさを子どもたち全員が実感できるように、考えをつなげる場をつくります。

考えをつなぐ接着剤が「見方・考え方」です。例えば、「〇〇さんと□□さんは別の意見と思ったけど、経済成長の影響なのは一緒だ」と関連づけたり、「住民の立場はそうだけど、企業はどう考えるかな？」と別の点に着目したりすると、一人では思い至らなかった発見があります。仲間がいると、学びの深い部分まで潜ることができます。

授業づくり　15

発表・プレゼン

NG

前に立つのが得意な子どもだけが活躍する

「できる」と思われている子どもが一層目立つ発表や、形だけの協力に留まる発表によって、多くの子どもたちの学びにつながらない

OK

フォロワーにスポットライトを当てる

最終的に発表する子どもが一人でも、準備の過程でフォロワーとして活躍する子どもの姿が見えるようにする

NG 前に立つのが得意な子どもだけが活躍する

①同じ子どもにスポットライトが当たり続ける

学習したことを多くの聞き手の前で発表する時に、その教科を得意とする子どもが代表として発表することがあります。活躍の場があるのはよいことですが、いつも同じ子どもにスポットライトが当たれば、他の子どもは目立たなくなります。

また、プレゼンテーションソフトを使った発表が当たり前になっています。そうすると、教科の学習の内容よりも、デザイン性や話術が評価されてしまうこともあります。手書きで新聞にまとめをした時に、字や絵の上手な子どもが評価されるのも同様です。学級内で相対的に秀でた点のある子どもが目立つ状況が続きます。

②分断された分担になる

発表やプレゼンテーションの準備を個人ではなくグループで行う場合には、形式的な分担に留めないようにします。例えば、一人一枚のスライドを作成して、発表では順番に担当箇所を読み上げるだけだと、協働しているとは言えません。作業の経過で協力が見られず、発表内容には一貫性が欠けます。作業の効率化にはなっても、協力を通して関係性を深めたり、学習目標に全員が迫ったりする効果はありません。

OK フォロワーにスポットライトを当てる

①フォロワーとして発表の質を上げる

発表やプレゼンテーションは、当日だけではなく準備の過程で多くの学びがあるように、学習をデザインしましょう。そのために、子どもが他の子どものフォロワーとしてかかわる機会をつくります。特に、次の二つが大切だと考えます。

- **・批判するフォロワーのかかわり**…発表の隙を減らして強みをつくる
- **・応援するフォロワーのかかわり**…他人事にせずに、同じ立場から応援する

一つ目に、批判するフォロワーが活躍する機会をつくります。プレゼンのノートの作成や中間発表の時点で、相互評価を行います。単純な感想ではなく、「無理にでも質問するとしたら」や「あえて対立意見を述べるとしたら」と役割を決めて内容を批判的に検討します。役割を決めることで、子どもは相手に遠慮をせずに意見を述べることができます。

安易に妥協して「まあ、そのプレゼンでよいんじゃない？」とならないようにします。

二つ目に、仲間を応援する機会をつくります。同じ学習課題に取り組む仲間として、学習のつまずきのある仲間を励まし、苦労を共感できるようにします。そのために振り返りの場をつくって、発表の準備の段階でうまくいった点と困っている点を交流します。教師からの助言よりも、子どもの心に刺さることがよくあります。

②仲間と磨き合った経験が自信になる

学習の成果をみんなの前で発表する時、多くの子どもが緊張や不安を感じます。しかし、納得のいく発表ができると、ほっとする気持ちに加えて、自信が生まれます。受け身にならずに、他者に向けて表現する面白さを実感でき、「こういうのも悪くない」と感じるようになります。仲間と磨き合った経験が自信になります。

教師の役割は、支援や応援する仲間にスポットライトを当てることです。発表者の輝きには、子どもたちはすぐに気付きます。しかし、準備の過程で活躍したフォロワーの輝きには、なかなか気付きません。隠れた貢献度の大きさを伝えましょう。

表舞台ではなく，準備の過程のフォロワーの努力を照らす

生徒会・委員会活動

NG

仕組みを整えずにすべてを子どもに任せる

自主的に工夫する方法や自治的に活動する仕組みがないため、保守的に前例踏襲になるか、行き当たりばったりの活動になる

OK

縦のつながりで隠れたフォロワーを発見する

優れた実践例から具体的な活動のポイントを学び、学級や学年の壁を乗り越えて自治的な活動を全校に広げる

NG 仕組みを整えずにすべてを子どもに任せる

①前例踏襲でつまらない活動になる

委員会を含めた生徒会活動（児童会活動）は、その学校で何十年も前に作られた仕組みが続いていることがあります。そうすると、前例踏襲の活動ばかりになります。決まった作業をこなすだけになり、創意工夫をする楽しさがなくなってしまいます。

逆に、組織は昔から変わらず、実際の活動内容は決まってないこともあります。担当の教員と子どもたちに任せられている状況です。その場合は、教員や子どもの過去の経験を思い出して活動することになるでしょう。その結果、やはり過去の学校の活動を真似して終わります。いずれにせよ、今の子どもたちに合った活動はできません。

②無法地帯では子どもは守りに入る

生徒会活動の基本の流れは「①学校の問題の把握→②その中から解決可能な課題の発見→③解決方法の議論と合意→④実行とふりかえり」です。それぞれの段階で具体的な方法が決まっていないと、どうすればよいかわかりません。リーダーの個の力で進めようとすると、出る杭は打たれて支持が広がりません。多くの子どもが波風を立てるのを恐れて意見を述べずに「その他大勢」のようになります。結果的に、例年通りの活動や教師の下請けで終わってしまいます。

OK 縦のつながりで隠れたフォロワーを発見する

①優れた実践例を実態に合わせて調整する

生徒会活動は、前例踏襲や我流で取り組む前に、基本の流れを学ぶことが大切です。学習指導要領解説がとっつきにくい場合におすすめなのは、国立教育政策研究所が刊行する指導資料です。小学校では『みんなで、よりよい学級・学校生活をつくる特別活動（小学校編）』（二〇一八年）が学習指導要領の改訂のポイントを示しつつ、具体的な実践例を多数掲載しています。黒板を模した展開例など、読みやすいレイアウトが特徴的です。

中学・高校向けでは『学校文化を創る特別活動【中学校・高等学校編】』（二〇二三年）が刊行されています。Q＆Aと30種類近くの事例が紹介されています。生徒会活動ではいじめ防止・生徒総会・三年生を送る会・地域との交流行事と定番の活動にひと工夫を加えるポイントが書かれています。インターネットで闇雲に検索をするよりも、これらの指導資料で研究をして、自校の実態に合わせて内容を調整する方が効率的です。

また、事例の部分は、子どもに見せながら一緒に改善策を考えることを勧めます。**教師と子どもたちが対等な立場で生徒会活動を運営する**ことで、自治的になるからです。

インターネットを活用するなら、各学校のホームページに紹介された生徒会活動を閲覧して、気になる内容があったら相手校の負担にならないように配慮しながら、問い合わせるのも一つの方法です。地域を超えて生徒会が交流をするきっかけになります。

②潜在的なフォロワーを見つける

生徒会活動では、学年を超えて縦割りの組織がつくられます。そうすると、同じ学年の中では目立たなかった子どもが、下の学年の子の仕事を手伝いながら教えたり、後輩の意見をうまく生かそうとしたりする姿が見られます。教師は、その行動の価値を本人へ伝えた上で、担任と情報を共有しましょう。フォロワーとして成長するきっかけになります。

学校には、学級の壁や学年の壁がありますが、子どもたちの柔軟な発想や行動力は、その壁をやすやすと越えていきます。教師は子どもたちと壁を越える方法を一緒に考え、自信をもって挑戦できるように後押しをしましょう。

縦割りのよさを生かして学年の壁を飛び越える

運動会・体育大会

NG

表面的な団結のために我慢を強いる

≫

勝つこと以外の意味を見出せずに、問題が起きた時の解決の仕組みと関係づくりができていないため、水面下で不満が広がる

OK

フォロワーが勝利以外のゴールに向かって付いていく

≫

行事の目的に沿って勝つこと以外の目標が合意できていると、問題が起きた時や方向性がずれている時にフォロワーが修正する

NG 表面的な団結のために我慢を強いる

①目的も目標も勝つことになる

学級やチーム対抗の学校行事では、勝利への手段として学級の「団結」が求められることがあります。それは手段と目的が逆になっています。学校行事の目的は勝つことではなく、勝敗のある活動を手段として問題解決の方法を学び、相互理解を深めることです。

しかし、勝ち負けはわかりやすいので、いつの間にか勝利が目標にすり替わることがあります。行事の目的自体も「運動会に勝って団結をする」など勝利が前提になりがちです。

②問題を表面化しない方向に集団の雰囲気が流れる

学校行事で勝つことに焦点が当たると、勝ちたいから仲間を責める問題が起きやすくなります。また、「勝てないからがんばるのは無駄」と練習や準備に手を抜く子どもが出てきます。これらの問題を解決するのが学校行事の教育的な意義ですが、リーダーを中心に話し合う仕組みが整っていないと、もめごとがいつまでも続きます。

また、勝つために学級がまとまることを過度に重視すると、トラブルが起きること自体を嫌がる雰囲気が広がります。そうすると子ども同士の意見の食い違いが表面化せずに、我慢することがあります。そうなると、行事が終わってからも不満がくすぶり続けます。

　赤坂真二氏は、子ども集団が自治のサイクルを回す上での留意点として、「自分たちの問題を、教師や親に解決してもらうことに慣れ過ぎてしまっている場合」があり、「子どもたちは現状において、自治に対してあまりにも準備不足」であると指摘しています（赤坂真二編著『自ら向上する子どもを育てる学級づくり　成功する自治的集団へのアプローチ』明治図書出版、二〇一五年）。たしかに、子どもに任せる要素が増えると問題が起きやすくなります。それを解決する仕組みの構築と心の準備がないと、自治的活動はうまくいきません。

　自治的活動には、教師の覚悟が求められます。教師が仕切りたがって「子どもたちは黙って付いてくればよい」と考えると、子どもに対して「勝手なことをして…」と感じるかもしれません。しかし、自治とは「身勝手にならずに現状に勝る手段を構想する」ことだと考えます。子どもに我慢を強いるのではなく、教師が手出しを我慢する意識が必要です。

OK　フォロワーが勝利以外のゴールに向かって付いていく

①行事の目的に合わせて勝利ではない目標を設定する

　学校行事に対して何に価値を置くかは子どもによって違います。「勝ちたい」という声に対して「負けても満足するために、何を目指せばよいのか」を問い、勝利以外の目標を設定しましょう。「運動が得意・不得意に関係なくニコニコできる」など、具体的な場面を想像して言語化する方法がおすすめです。

練習が始まれば、悔しさや焦りから勝ちたい気持ちが強くなります。その気持ちを否定せずに「全員が納得して満足できるゴールとは何か？」を問い直します。

②フォロワーたちが勝利以外のゴールに軌道修正をする

練習の過程で、リーダーは他の子どもの反応の鈍さにいらだつことがあるかもしれません。逆に、他の子どもはリーダーの仕切り方に反感をもつかもしれません。その時に欠かせないのが、フォロワーがリーダーに付いていく動きです。リーダーに盲目的に従うのではなく、何を目指して感情の衝突や意見の対立が起きているのかを確認します。**教師はリーダーやフォロワーと一緒に状況を分析して整理します。**

学級としての目標の到達に向けて、対話を通して最善の選択肢を見つけます。対立を乗り越えた経験ができると、最終的な勝敗に関係なく、困難を集団の力で乗り越える学級へと成長できます。

勝利以外のゴールに向かうことで
集団の合意形成を図る

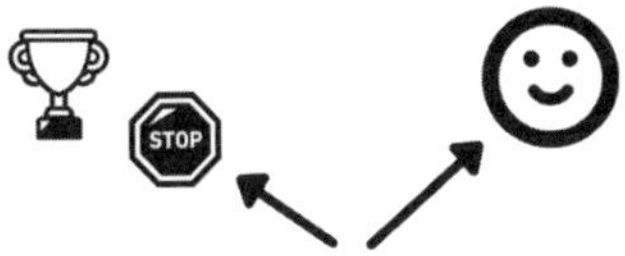

宿泊研修・修学旅行

NG

危機管理の重要性をはき違えると楽しさが失われる

危機管理の制度と運用が不十分だと、トラブルへの対処を軽視またはは過剰反応して、多くの子どもが伸び伸びできなくなる

OK

リーダーの方針をフォローワーが具現化して旅を楽しむ

全員が楽しむことを本気で実現するために、事前に想定をしながら当日の柔軟な対処を子どもたちができるように準備する

NG 危機管理の重要性をはき違えると楽しさが失われる

①子どもの安全のために危機管理を徹底する

校外での活動、特に宿泊を伴う学校行事では、体調不良の他に天候の急変、災害、事故などが発生する危険があります。また、子どもたちは普段と違う環境に置かれ、トラブルやいじめが起きることがあります。「想定外」で済まさないような危機管理が重要です。

この危機管理は、教育との相性がよくない面があります。堀裕嗣氏は、多賀一郎氏とのいじめに関する対談の中で「人間に対する信用とか信頼とかがなければ教育という営み自体が成立し得ない」が、「危機管理に一番大切なのは、人間を信用しないシステムを敷くこと」であると述べています（多賀一郎・堀裕嗣『学級づくりの深層』黎明書房、二〇一五年）。この認識は、いじめ以外の学校の危機管理にも当てはまります。危機管理と教育的配慮を同じ枠組みで考えようとすると「楽しい思い出をつくるために、少しくらい羽目を外してもよい」となりかねません。万が一の事態が起きれば、せっかくの旅行が悲しい経験になってしまいます。子どもの命を預かる自覚が大切です。

②過度の管理で楽しさがゼロになる

学校行事は安全第一ですが、問題を予防しようとして過度に管理することは別の問題を起こします。子どもたちの自由度をなくします。例えば、ルールをやたらと細かくしたり、ルールを逸脱したら連帯責任で厳しく叱責をしたりする指導が、かつては見られました。子どもたちが委縮してしまいます。危機管理は、恐怖で行動を縛るものではありません。

また、トラブル予防を意図して部屋割りや座席決めに教師が介入する例もあります。子どもたちがお互いの利害を調整しながら折り合いをつける経験を積むことができなくなります。過度に管理をすると、子どもたちは受け身になり、失敗を恐れて前に出なくなります。「その他大勢」の子どもたちが増える問題が起きます。

OK リーダーの方針をフォロワーが具現化して旅を楽しむ

①多種多様な楽しみ方を考える

「修学旅行は授業の一環だ！　学びが最優先」という意見が時折見られますが、誤解があるように感じます。学習指導要領の解説では、集団宿泊的行事のねらいの一つに「人間的な触れ合いを深め、楽しい思い出をつくること」が挙げられています（『中学校学習指導要領（平成29年告示）解説　特別活動編』）。楽しむことは、ねらいと正対しています。

実際に参加者全員が楽しむために大切にしたい感覚は、「楽しませるのではなく、楽しめるようにする」ことです。教師やリーダーの子どもが提供する活動を消費者として楽しむのではなく、子どもが自分から楽しみを見つけるように促します。そのために、移動中や施設の見学、体験学習、自主研修、レクリエーション、食事などの様々な場面で「楽しむための条件」と「楽しみを阻害する要因」を洗い出しましょう。教師と子どもが一緒になって楽しみ方と問題の解決方法を事前に想定して、前向きに楽しむ準備をします。

②リーダーとフォロワーの連携の仕組みをつくる

集団宿泊的行事では、教師の目が届かない時間と場所が多くなります。その時にトラブルを乗り越えながら楽しい思い出をつくるために、リーダーとフォロワーの具体的な連携方法について、事前に構想を練っておきます。

例えば、リーダーが仲間を動かそうとする時に、フォロワーとなる子どもが率先して動いて助けます。リーダーが仲間の意見の食い違いを調整する時には、フォロワーが目的を振り返って支えます。慣れない環境こそ、力を合わせる絶好機です。普段は目立ちづらい子どもがフォロワーとして活躍することを期待しましょう。

普段と違う環境でリーダーとフォロワーが連携する

学習発表会・文化祭

NG

得意な子どもだけが注目される

演劇や合唱に関する技能や表現力が元から高い子どもだけが目立ち、苦手感をもつ子どもは居心地が悪くなる

OK

子どもに権限を託して自信を少しずつ育てる

複数の子どものリーダーに教師の権限を託した上で、フォロワーの子どもと連携して、学級に貢献している自信を少しずつ積み上げる

NG 得意な子どもだけが注目される

①できる人だけが目立つ

学習発表会や文化祭の発表部門では、学校や学年によって演目は変わるものの、劇・合唱・楽器演奏のいずれかの場合が多いと思います。それらの演目に共通する課題として、特定の技能に秀でた子どもだけが目立つことがあります。

劇であれば、声が通って演技力が高い子どもが主役となり、合唱なら指揮者・伴走者や上手に歌う子どもが注目を浴びます。他の子どもは引き立て役で終わることがあります。

②苦手な子どもの苦痛を招く

発表内容に関する技術に自信がない子どもにとって、学習発表会や合唱コンクールは苦痛な時間です。多数の観客の前で目立つことがない悔しさを感じたり、逆に恥ずかしいから目立ちたくないと思ったりします。せっかくの晴れ舞台を楽しむことができません。

OK 子どもに権限を託して自信を少しずつ育てる

①全員が自信をもって披露する合唱コンクール

現在の勤務校は合唱部の活動がさかんで、数年前には全国最優秀賞に選ばれるほどでした。文化祭の目玉も合唱コンクールで、審査員はプロが行うなど、かなり本格的でした。

そうなると、部活のように高度な歌唱技術を競う場になりがちです。しかし、多くの学級では勝ち負けよりも「その学級らしさ」を歌で表現することに力を入れています。

以前私が担任した学級では、「消えた八月」という原爆に関する曲を選びました。故郷や大切な人を想う気持ちを歌声で表現することを目指して練習を重ね、本番では「広島の情景が浮かぶ」「悲しくて涙が出た」などの感想をもらいました。結果は全校グランプリでしたが、子どもたちは賞よりも、聞く人の心を揺さぶる合唱ができて満足していました。

実は、練習段階では私の学級はさほど評価が高くありませんでした。当日も、歌唱の技術では他に優れた学級がありました。それでは、なぜ感動を呼んだのでしょうか。それは、ステージに立つ全員が自信をもっていて表情豊かに歌ったことが理由であると考えます。

②複数の子どもに権限を託す

歌が苦手な子どもが自信をもってステージに立つことなど、あり得ないと思うかもしれません。それを実現するには、次の二点がポイントになります。

一点目は、教師の権限を複数の子どもに託すことです。合唱であれば、目標設定、練習の計画立案、練習の進行と振り返りなど、学級としての動きは指揮者を中心に子どもが決めます。一人だと大変なので、パートリーダーとサブリーダーを決め、リーダーミーティングの方針をまとめるようにしました。権限の範囲と方法を示して託すと、子どもたちはどんどんと工夫をしていきます。教師は様子を見守ってリーダーに後で助言をします。

二点目は、**小さな成功や成長を認めて自信を積み重ねる**ことです。ここで鍵になるのは、フォロワーの子どもたちです。合唱であれば、歌声以外でも貢献できることはあります。演奏時のブレスや立ち方、歌う時の表情などです。演奏以外の場面でも、歌詞の解釈や録画した歌の分析など、できることはたくさんあります。それらの面でのちょっとした努力を子ども同士でさりげなく認め合う関係をつくります。仲間に認められることが自信になります。

フォロワーとして仲間を応援することで、苦手感をもっていた子どもの表情は前向きに変わります。そして、合唱に対しても「せめてサビだけはがんばろうかな」「上手な子にコツを聞いてみるか」と感じて、積極的に動き始めます。「その他」扱いをされる子どもはいなくなり、学級としてのまとまりのある発表ができるようになります。

応援するフォロワーの力を借りて，
小さな努力を見つめて認める

終業式・卒業式

NG

「その他大勢」のように接したまま別れの日を迎える

一年間の振り返りの中で、目立つ子どもとのかかわりに気をとられて、最後まで「その他大勢」のような扱いの子どもがいる

OK

すべての子どもが自分自身に期待できるようにする

教師が全員の子どもの成果と成長を捉えて感謝の気持ちと一緒に伝えることで、自信をもって次の場所へ進めるようにする

NG 「その他大勢」のように接したまま別れの日を迎える

①最後のチャンスをつかめない

卒業や進級を控えた時期は、一年間の個人や学級の成長を振り返る絶好の機会です。それなのに、別れを惜しむ雰囲気に流されて、あいまいな基準と根拠で「うちのクラスは最高だ！」などの雑な総括をするのは避けましょう。子どもたちは内心、疑問を抱きます。

②学校をあきらめさせない

振り返りの際に「学級のＭＶＰ」のように特定の子どもを選出する活動は避けましょう。影響力の大きい子どもが脚光を浴びるだけで、他の子どもは「その他大勢」扱いされてしまいます。子どもたちは「結局、良くも悪くも目立つ人ばかりが注目される」とがっかりします。そして、「次もどうせ先生は見てくれない」や「おとなしく過ごしていれば、それなりに楽しいからいいや」と、子どもが新しい環境に期待できなくなります。

OK すべての子どもが自分自身に期待できるようにする

①成果と成長を自覚して未来の自分に期待する

子どもたちに振り返りの視点を示すことで、ただの感想から変化を実感できる振り返りになります。次の二つの視点を子どもたちと共有しましょう。

・**成果と成長に着目する**…成果としての事実と、成長した資質・能力を分けて考える
・**学級を通して自分を見つめ直す**…学級の変化の中で自分が果たした役割に気付く

一つ目は、事実に基づいた成果と、成果を通して伸ばした資質・能力を分けることです。そうすると、子どもたちにとっては「目標通りにはいかなかったけれど、あの経験で成長できた」と実感できることが増えます。

二つ目は、学級の変化と子どもたち一人一人の変化の因果関係について考えることです。学級のよい変化に着目して、集団をよりよくするのに貢献した自信をもてるようにします。

また、成果と成長を伝える時には、感謝の気持ちを合わせて伝えます。もちろん形だけの感謝は、子どもの心に届きません。本当に助けられたと教師自身が感じた出来事や、心を動かされた言動を具体的に、教師としての「理」と「情」を組み合わせて伝えましょう。

伝える手段は、口頭・手紙・学級の「卒業証書」など様々な方法があります。私の場合

は、学級通信の最終号の裏面に、一人一人の子どもが一番素敵な表情をしている写真と、その子に一番伝えたい言葉を全員分掲載します。実際の通信は拙著『中学校クラスが輝く３６５日の学級通信』（明治図書出版、二〇一八年）を参考にしてください。

②価値を見逃さずに共有する

子どものよさとは、宝石のように誰が見ても輝いている面だけではありません。プレミアの付くおもちゃのように、地味に見えても大事にしてきたことで価値が生まれる場合があります。その価値に子ども自身が最後まで気付いていないことがあります。鑑定士のように価値を見逃さずに共有しましょう。一人一人の子どもが、学級で数えきれないほどの「いい仕事」をしてきたはずです。教師の見る目と感受性が問われます。

一年間の思い出ムービーや黒板アートなど、派手な感動イベントの提供を否定するわけではありません。ただ、感謝の気持ちをさりげなく、しかし、全員に確実に伝えることが最も大切だと考えます。卒業の日には、「その他大勢の子どもなど一人もいない」と断言できるくらい一人一人の子どもと向き合いましょう。

わかりやすい成果だけではなく，地味に見える子どもの価値をプロとして見逃さずに伝える

【対立】学級の決めごとで意見が分かれる時

NG

目的を見失ってお互いが正しさを主張して譲らない

≫

意見の対立と感情のずれを整理せず、周りの子どもたちは対立に嫌気が差したり、他人事として捉えたりする

OK

対立軸にまとわりついた感情を見つめ直す

≫

対立軸を整理し、対立の背景や周辺にある負の感情に気付くことで、公正な合意形成を目指す

NG 目的を見失ってお互いが正しさを主張して譲らない

①意見の対立が関係の対立へ延焼する

ここからは、子どもを「その他大勢」にしない学級づくりを進める時に起きる問題と改善方法について考えていきます。まずは意見が対立する場合の問題です。

自治的な学級づくりを進める上で、意見の対立から議論を通して合意を形成する手続きは必要不可欠です。しかし、意見の食い違いが平行線のままだと、次第に感情的な対立が目立ち始めて、話し合いの後も子ども同士に気まずさが残ることがあります。良くも悪くも影響力の大きな子どもが対立する場合は、周りの子どもを巻き込んで学級に溝ができることがあります。学級をよりよくするために始めたはずの議論が、人間関係を崩す原因や学級の雰囲気を殺伐とさせる背景になるおそれがあります。

巻き込まれた子どもたちは「いい迷惑だ」と感じ、子どもたち同士の話し合いを嫌がったり、意見を言うのを避けたりするようになります。教師もトラブルの原因になるくらいなら、子どもたちに任せる内容を減らそうと考えて自治を後退させる心配もあります。

②「正しさはいろいろ」で対話が途切れる

哲学者の朱喜哲氏は、「正義の反対は別の正義」という主張が言葉のやりとりを終わらせる「事故」を起こすと指摘しています（朱喜哲『〈公正《フェアネス》〉を乗りこなす』太郎次郎社エディタス、二〇二三年）。**各人が「よい」と考えること（善の構想）と、社会的な合意によって実現する「正義」を別のものとして考える**ことで、よりよい社会を目指す対話が続きます。

この正しさについての考え方は、学校も同じです。「人それぞれの意見の違いがあるから仕方ないよね」と考えてしまうと、意見の対立は解消しません。意見の対立軸を明確にして、すべての子どもが「わかった」と合意できる道を探ることが自治的な学級づくりの基本です。よりよい学級をつくるために、対話と合意をあきらめずに続けます。

OK 対立軸にまとわりついた感情を見つめ直す

①対立軸を明確にする

子どもたちの意見が対立している時は、「何を巡る対立か」と対立軸を確認します。例えば、学校行事の練習を巡る意見の対立なら、方法が対立しているけれど目的は共通すると整理します。そうすると、目的が叶うように方法を調整すればよいとわかります。

また、小グループに分かれているが、その壁を超えて交流すべきという意見が出た場合は、「別にそのままでよいではないか」と考える意見も出ます。ゴールの方向性自体が対立する状況です。そのような場合は「みんな仲良しにならなくても、学級での活動には誰とでも仲間として協力する」と新たにゴールを設定すると合意につながります。

②主張にまとわりつく感情を整える

意見が対立している時には、感情の対立も生じていることがあります。「○○さんの言うことだから賛成しよう」や「アイツの意見には賛成したくない」など、普段の関係に引きずられて対立することもあります。それらの対立を他者に指摘されると、かえって頑なになる恐れがあります。

対立意見にまとわりつく感情に着目して整理する

そこで、子ども自身の気付きを大切にします。リーダーが「言い合いになっているから、話し合いのねらいを確認しよう」と議論を止めます。「そもそも」や「何のために」をキーワードにしましょう。そして、**当事者たちが感情を整理できるように、静観している子どもたちがフォローします**。このようにリーダーとフォロワーの連携の流れを決めておくと、感情のもつれを解きほぐして話し合いを前に進めることができます。

【逸脱】学級のきまりが守られない時

NG

きまりと子どもに距離があって「守る・守らない」の二択になる

≫

学級のきまりが「自分たちのきまり」として内在化されずに、きまりより他のことを優先する

OK

学級をよりよくするための小さな一歩を見つける

≫

きまりを大切にする一人一人の動きを発見して、学級をよりよくするためにきまりのあり方を考える

NG きまりと子どもに距離があって「守る・守らない」の二択になる

①きまりが内在化していない

学級開きの段階で説明し、子どもたちが納得していたはずのきまりが、次第に守られなくなることがあります。担任は個別の指導に追われると、指導される子どもが不満をもったり、自主的にきまりを守る子どもと逸脱が目立つ子どもの間で分断が起きたりします。学級の雰囲気が殺伐とし、安心とはほど遠い空間になってしまいます。

河村茂雄氏は、学級集団づくりの骨子とはルール（多くの人の行動の判断基準）とリレーション（ふれあいのある本音の感情交流）の統合的な確立であると考え、ルールについては「設定→定着→内在化・習慣化」と段階を踏むことの重要性を論じています（河村茂雄『学級集団づくりのゼロ段階』図書文化社、二〇一二年）。この説を参考にすると、学級ができてしばらく経ってからきまりの逸脱が続く場合は、きまりが内在化していない状況だと言えます。きまりの意味を理解し、きまりの改善を通して学級づくりに参加する子どもが学級の中で少数派になっています。「きまりは自分たちを縛るもの」というイメージが強くなり、学級のきまりと子どもたちの間に距離感が生まれます。

②他者に基準を置いて同調する

学級できまりを守らない動きが広がる時は「きまりに納得しないから守らない」というよりは「○○さんも守っていないから私も」や「みんな守っていないし」という認識の子どもが増えます。この場合の「みんな」は全員を指すのではなく、その子の見たい範囲の「みんな」です。他者を基準に自分の行動を都合よく判断しています。

きまりの内容に納得をしていなかったり、合意を得る手続きをしていなかったりすると、きまりは子どもたち一人一人のものになりません。「きまりは先生が勝手に決めた面倒くさいもの」と捉えると、きまりが集団をよりよくする方向には機能しません。

OK 学級をよりよくするための小さな一歩を見つける

①同調ではなく一人一人の同意と協調を促す

きまりが守られない状態を解消するには、「空中戦」と「地上戦」を組み合わせましょう。空中戦とは、集団に対する働きかけです。具体的には、学級内外のきまりの是非を検討し、きまりがあることで得られる効果と、きまりで縛られることで起きる問題を分析します。その結果、きまりの意味に納得できると、守る意識が高まります。きまりを守らない子どもに対しては「全員で合意したから守ろう」と促すことができます。

きまりに問題があり、改善の必要がある時は正規の手続きを経て変えましょう。ただし、安易にきまりを変えることは避けます。「きまり自体は大切だけれど、今の自分たちにとっては、もっとよい方法がある」という視点で改善を図ります。

②みんなの気付きを広げていく

きまりが守られない時の「地上戦」とは、一人一人の子どもに働きかけて行動の変化を促すことです。まず、きまりから逸脱した行動の見逃しゼロを目指します。教師が見えない場面でも子どもたちは見ています。学級の課題と捉え、リーダーに限らず、多くの子どもの声が教師にまで届くようにします。

また、きまりを守ることを強調した時やきまりを改善した時には、「普通の子」と思われがちな子どもに注目します。きまりを守り続ける行動や、守ろうと努力する姿が見つかるはずです。それらの行動が集団をよりよくする第一歩であると評価し、全体に共有します。そうすると、学級にじわじわと行動が広がります。小さな変化を見逃さずに、大きなうねりの第一歩にしましょう。

変化の兆しとなる一歩やひとしずくを見逃さない

【機能不全】学級の仕組みが機能しない時

NG

学級の形に関係なく仕組みを当てはめる

子どもたちの関係性や学級の状況を考慮しないで、教師が選んだ仕組みを当てはめると無理が生じて機能しない

OK

子どもの手で調整ができる仕組みをつくる

余白をもたせて柔軟な仕組みにして、DIYのように子どもの裁量で仕組みを調整・改善できるようにする

NG 学級の形に関係なく仕組みを当てはめる

①担任にとっての最善が子どもにとって最適とは限らない

学級の仕組み（システム）は、学級ごとに意外と違うものです。経験に基づいて担任が最適と考える仕組みを取り入れるからです。ただし、前の学級ではうまくいった仕組みが、思ったようには機能しないことがあります。また、学級はだんだんと成長するはずなのに、仕組みが次第に形骸化して機能しなくなる場合があります。

仕組みが機能しない原因は、担任が最善と考える方法が子どもたちの実態と一致しないことにあります。その結果、次のような問題が生じます。

- **我慢の限界がくる**…教師の統制が強い仕組みは、いずれ無理が生じる
- **放任で暴走する**…子どもたちの解釈が自由すぎて、見解が統一されていない
- **勝手に改変する**…子どもが自分の都合のよい形に仕組みをつくりかえる

一点目は、仕組みを無理に学級に当てはめて、子どもに強い負担がかかることです。係

や当番、話し合いなどで担任が決めた方法を子どもができない時があります。それを仕組みの問題ではなく子どもの責任にすると、いずれ限界が来ます。

逆に、二点目と三点目は、仕組みの意義や全体像が見えていないため、子どもが好き勝手にする問題です。仕組み自体を軽視することにつながります。

②仕組みが機能しないと様子見の子どもが増える

学級に貢献する意欲をもつ子どもがいても、学級の仕組みが機能しないと活躍の場面をつくることができません。仕組みのない状況で活躍できるのは、強いリーダーシップをもつ一部の子どもだけです。

多くの子どもは失敗を嫌がって傍観します。やり方がわからないことへの関心は低下します。したがって、学級の一員なのに他人事のように過ごすことになってしまいます。

OK 子どもの手で調整ができる仕組みをつくる

①余白のある仕組みをつくる

学級の仕組みをつくる時には、目の前の「この子たち」の最善を考えるべきです。最善な形は、仕組みを動かしてみないとわかりません。そこで、余白のある仕組みにします。

例えば、教室の掃除当番なら校内で決まった内容と標準的な手順があります。その内容から外れないようにしつつ、学級としてのねらいを決めます。担任をしていたある学級は「素早く、きれいに、楽しく」というねらいになりました。そのねらいを達成する方法は、各班で考えてもらいました。ある班は、最後の反省の時間が形骸化して無駄だと考えて「掃除の大変さとがんばりを話しながら掃除する」という方法を考えました。「よし、ほこりがこんなに取れた！」や「〇〇さん、机運びの手伝いありがとう！」など、感想や感謝が飛び交いながら掃除当番をしていました。結果的に、活気があって短時間で終わる掃除になりました。これらの成果を他の班にも伝えて、学級の仕組みとして定着しました。

②DIYのように改善を楽しむ

掃除当番の例では、教師がねらいと基準を示し、具体的な改善策を子どもたちに任せました。活動の最中は見守るだけです。イメージするのはDIYです。手作りで家の内外に物をつくるように、子どもたちが手作りで学級の実態に合わせた仕組みを築くようにします。手作りで調整するから、多少いびつな形でも愛着が湧きます。また、必要に応じて何度も調整ができます。

【翻弄】特定の子どもに学級が振り回される時

NG

子どもを合わせることに力を注ぐ

≫

特定の子どもにかかりきりになって他の子どもに我慢を強いると、信頼を失って学級の仕組みが崩れる

OK

子どもたちを組み合わせることに力を注ぐ

≫

子どもたち一人一人ができることを組み合わせて、学級の仕組みを柔軟に構成し直しながら、無理のない形を目指す

NG 子どもを合わせることに力を注ぐ

①仕組みに合わせることを強いるとみんな辛くなる

学級には、当番活動や係活動をテキパキとこなす子どもがいる一方で、決まった手順や流れの通りに動かない子どもがいます。また、学級での役目を果たさずに周囲から「サボっている」と言われる子どももいます。教師としては、その子への個別の対応をして「何とかみんなと同じことができるようにしよう」と考えがちです。

しかし、どれだけサポートしてもなかなか改善が見られない場合があります。マイペースにふるまう子どもの様子を見て、他の子どもは「あの子ばかり…」「なんでアイツだけ…」と感じ始めます。そのような子どもの意識を教師が察知すると、焦りを感じて手のかかる子どもに対して厳しく指導するかもしれません。しかし、それは逆効果となり、反抗的な態度や逃避につながる心配があります。そもそも、学級の仕組み通りにすべての子どもが動くことはあり得ません。無理に合わせようとすると、学級にヒビが入ります。

②「普通」の子どもにしわよせが来る

特定の子どもに振り回される状況が続くと、学級に白けた雰囲気が広がります。教師が

「普通の子」と捉えがちな大多数の子は、教師に見向きもされないと感じて、教師を信頼しなくなります。そうすると、学級を自分の大事な居場所とは思えなくなり、仲間意識が低下し、学級のために行動する前向きさが失われます。

手のかかる子どもを放っておくわけにはいきません。しかし、「お世話係」をつくるのは慎重であるべきです。子どもの間で「支援する―支援される」という関係が固定化するからです。「お世話」をする子どもの時間が奪われ、精神的な負担も増加します。

OK 子どもたちを組み合わせることに力を注ぐ

①子どもに合わせてゆるやかに仕組みをつくる

特定の子どもへの対応と、他の子どもたちへのかかわりを同時に行うのは至難の業です。そこで、次のように手のかかる子どもを巻き込んだ仕組みづくりと関係づくりを試みます。

・**やわらかい仕組み**…ゴールは決めるが方法は決めずに、柔軟に運用する
・**協働する関係性**…子どもたちが対等な関係で、お互いのできることを見つける

一点目は、学級での仕組みの形を柔軟にします。和服のように締めることを明確にしつつ、余裕と余白のある仕組みにします。例えば給食の時間は「衛生面は厳しく」という最低基準の上に「お互いの食を尊重する」と目標を立てます。当番や盛り付け、おかわりの流れは細かく決めずに試しながら調整します。手のかかる子が適応しやすくします。

二点目は、手のかかる子どもが学級に貢献する場をつくることです。リーダーやフォロワーの子どもたちと教師が連携して、すべての子どもが協働できる方法を考えます。

和服のように，ゆったりとしつつまとまりのある仕組みをつくる

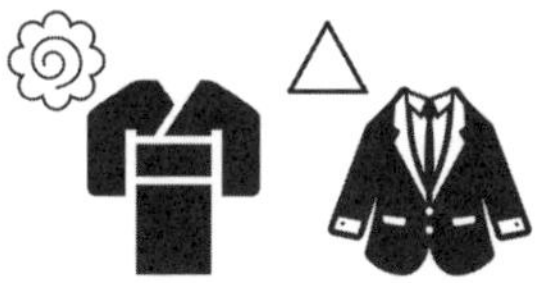

②手のかかる子どもの手を借りる

手のかかる子とそれ以外の子を分けて捉えるのではなく、すべての子どもが力を発揮できる道を模索します。できることは人によって違います。子どもの声を聞き、「これならできる」と思うことから学級の仕事を任せましょう。教師がヒントを出しながら小さな成功を積み重ねるようにして、**手のかかる子どもの手を借りる**仕組みをつくります。

学級の仕組みは多種多様です。それは、一つに形にこだわらなくてもよいことを意味します。また、仕組みが機能しなくても、深刻な問題が起きるわけではありません。柔軟さが大切です。

【暴走】みんなが前に出すぎてまとまらない時

OK

柔らかな壁になって立ち止まる機会をつくる

暴走してきた道を振り返ったり、先を見通したりする機会をつくり、必要に応じてよりよいゴールを設定し直す

NG

勢いを教師の力で抑え込もうとする

暴走している状況だけに注目して管理しようとすると、背景にある自己主張の欲求や同調する動きに気付かず、子どもの信頼を失う

NG 勢いを教師の力で抑え込もうとする

①勢いはあるが中身がない

学級の話し合いの場で、子どもたちが次々と発言し、一見すると活発に意見を述べているようでも、実際は議論がかみ合わずに空転していることがあります。次第に脱線をして決めるべきことが見えなくなる場合もあります。

活動の場面でも、盛り上がっているので見守っていたら、まとめ役がいなくて騒がしいだけのことがあります。予定していた活動は大して進まずに、時間だけが過ぎていきます。

以上のような中身のない活発さの原因は、次の二点だと考えます。

- 「みんな」を具体的に想像できずに、自己主張をする子どもだらけになっている
- 前に出る子どもに便乗した方が「得」であると考えて同調している

一点目が他者や学級全体への意識が薄い状況です。視野が狭く、自分のことで精一杯で学級の仲間の動きに目を向ける余裕がありません。他者が見えていないので、自分の意見

を押し通そうとします。教師が諌めても、当人の自覚がないと効果はありません。

二点目は、影響力の大きい子どもに同調したり、突っ走る傾向の子の動きに便乗して身勝手な行動をしたりするパターンです。一点目も二点目も、話し合いや活動のねらいから外れるため、時間を浪費し、学級が落ち着かなくなります。

②強い指導で抑えると成長しない

子どもたちが暴走すると、教師は多くの場面で管理を強めようとします。しかし、指導が通らずに状況が悪化すると、好き勝手な行動が増えて学級が余計に落ち着かなくなります。

逆に強い指導で子どもたちの動きを押さえ付けると、表面上は静かになります。しかし、「行動しても叱られるだけなら、何もしない方がよい」と判断する子どもが増えるおそれがあります。**子どもが活発に動く学級を目指したはずが、暴走した挙句に沈黙します。**

OK 柔らかな壁になって立ち止まる機会をつくる

①進んできた道と進む道を一旦振り返る

子どもたちが前に出すぎる時は、勢いを殺すのではなく生かすことを勧めます。ただし、暴走していては冷静に考えることができません。まずは「一旦止まって深呼吸」を促します。教師は、子どもがぶつかっても大丈夫なやわらかい壁になるイメージです。

子どもたちが立ち止まったら、本来の目標と現在地を確認する時間をつくります。本来のルートからそれていることに気付けるようにします。

また、前に出る子どもが多すぎると収拾がつかないので、リーダーが指揮することを確認して、発言や行動が特に目立つ子どもをフォロワーにしてリーダーと一緒に学級全体を先導するようにします。**子どもが複数の先頭集団をつくって、後続を引っ張り上げます。**

②脱線を生かしてよりよいゴールをつくる

子どもたちが暴走すると、目標の達成が難しくなります。ただし、目標を変えることで対応できる場合があります。条件は、活動の趣旨から外れない範囲にすることです。

暴走している時の子どもたちはエネルギーに満ちた状態です。脱線した分、遠回りする必要があるかもしれませんが、勢いを生かしてより遠くの目標を目指します。自分たちで決めたゴールの方が、子どものやる気は高まります。特別活動の目標は教科に比べると自由度が高いため、柔軟な発想で目標を改善しましょう。

脱線した先によりよいゴールを設定して，活発さを生かす

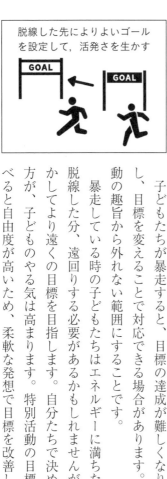

【反発】リーダーとフォロワーがぶつかる時

NG

反発を放置したり教師が無理に介入したりする

子どもたちが学級の活動に反発する原因を分析せずに、教師が力技で解決を目指すと、一時の反発が深刻な対立に悪化する

OK

対話をして巻き込んで反発を連携に変える

批判ばかりする他の子どもを「一緒にやろう」と巻き込みつつ、がんばる子どもの反発には対話を重ねて活動を改善する

NG 反発を放置したり教師が無理に介入したりする

①反発を放置すると亀裂が生じる

子どもがリーダーとして学級を動かす時に、しばしば他の子どもが反発する問題が生じます。その原因として、大きくは次の三つが考えられます。

- **独断専行**…他の子どもと合意のないことを教師やリーダーが進めようとする
- **見通しの甘さ**…手続きと手立てが共有されていないため、円滑な活動ができない
- **子どもの権力争い**…学級の人間関係で優位に立とうとする

一点目は、合意形成がされていない活動を行うことです。ねらいが理解できないので、他の子どもたちは反感をもちやすくなります。特に、教師が独断で決めたことを子どものリーダーに仕切らせて行う場合は、リーダーを含めて反発が生じます。

二点目は、見通しが甘くて活動が停滞することです。いらいらが募り、フォロワーの子どもたちの負担が大きくなり、フォロワーがリーダーに不満をもちます。

三点目が、学級内での地位を高めようとする動きです。ボス的な立場の子どもがリーダーを追い落とそうとしたり、逆にリーダーが他の子どもより優位に立とうとしたりします。いずれの場合も、反発する気持ちが広がると学級内で子ども同士が対立し、人間関係に亀裂が入ります。一時的な反発が長期間の対立へと変わると、修復が難しくなります。

②反発を無理やり解消しようとすると修復不可能になる

子ども同士で反発する状況が続くと、否定的な言葉が教室に増えてきます。がんばる他者を否定するのは、簡単なことです。協力せずに文句を言うだけで十分だからです。それによって、子どもたちはリーダーやフォロワーとしてがんばろうとする意欲を失います。

その状況に対して、教師が全体へ説諭をしても効果は薄いでしょう。反発し合う子どもたちはそれぞれに「自分が正しい」と思っているため、教師の言葉に納得しません。逆に、教師に対しても反発する危険があります。人間関係が修復不可能になります。

OK 対話をして巻き込んで反発を連携に変える

①「一緒にやろう」でどんどん巻き込む

徳岡晃一郎氏は、ビジネス論として利害の対立を超えるためには「突破力」が必要だと指摘し、突破力の要素に「大きな目的は維持しつつも現実を直視して粘り抜く度量」や「自説にこだわらずに仲間に引き入れる柔軟性」を挙げています（徳岡晃一郎『未来を構想し、現実を変えていくイノベーターシップ』東洋経済新報社、二〇一六年）。ビジネスだけではなく、学級でも粘り強くかかわり、仲間に引き入れて巻き込むことは重要です。

距離を置いて文句ばかり言う子どもに対しては、**「それじゃあ、一緒にやろう」を合言葉にします**。活動から距離を置いて評論家のようになっている子どもを当事者にします。

②対話で反発を乗り越える

リーダーとフォロワーのように一緒に行動している関係で反発が生じている時は、対話で妥協点を探ります。その時には「正しさ」より**「楽しさ」を基準にします**。学級活動は、仕事ではありません。一人も置いていかずに全員が参加する楽しさが大切です。

教師の役割としては、反発している子ども同士が対話する場をつくります。お互いの疑問を聞き合い、受け止めて認め合えることができれば、子どもたちが力強く連携します。反発し合う関係を乗り越えた学級には、強さが生まれます。

【分断】小グループが固定化して学級がまとまらない時

NG

私的なつながりを無理に解消しようとする

「仲間＝仲良し」という意識の強い子どもたちを否定して無理に変えようとすると、かえって狭い世界でのつながりを求める

OK

コラボを入り口にして仲間意識を拡張する

普段のかかわりが薄い他者と、期間や場面を区切ってつながる機会を繰り返し設けることで、仲間の輪が広がる

NG 私的なつながりを無理に解消しようとする

①狭い仲間の世界に子どもたちはしがみつく

多くの子どもたちにとって、仲良しグループの存在価値は大きなものです。強い友情で結び付くというよりは、教室で一人になることを嫌がってつながる「消極的な仲良し」の場合もあります。「普通の子」と見られる子どもこそ、狭い関係に依存しがちです。

そうすると、仲間外れになることを嫌がって、学級のルールよりもグループ内の理屈を優先します。自分の感情を押し殺して他の子どもの言動に同調することもあります。

②グループ外の疎遠な他者を「その他」と捉える

学級として活動する時に、仲良しグループ内でしか協力できない子どもが多いとゴールに向かって進むことが難しくなります。学級としてのねらいより、グループの維持を優先する方向に子どもたちの力が働くからです。

教師が活動の場面で無理に仲良しグループを解体しても、子どもたちは仲良しグループから離れている時に、そのメンバーにどのように見られているかを気にします。楽しそうに過ごしていると、後で仲間外れに遭うおそれがあるので、がんばろうとしません。

教師が「仲良しと仲間は違う！」と力説しても、子どもの共感は得られません。そういう子どもにとって仲良しこそ仲間であり、疎遠な関係のクラスメートは「その他の人」という認識だからです。私的なつながりを断とうとすると、子どもから反発を買います。

OK　コラボを入り口にして仲間意識を拡張する

①「俺ら」や「ウチら」の範囲を広げる

子どもたちの狭い人間関係を広げていくには、解体ではなくより大きな枠組みで包み込むことが大切です。次のような方法が考えられます。

- **協働**…仲良しグループ同士で連携して大きなグループにする
- **選抜**…一定の基準に沿ってそれぞれのグループから選抜してチームをつくる
- **分離**…グループで得たり生み出したりした情報を他のグループに伝えて共有しに行く

一つ目は、複数の仲良しグループをつなげて大きなグループで活動をする方法です。次ページの図のように、小さなグループにこだわる子どもたちを引き離すのではなく、大きくつなげるイメージです。子どもたちが協働の面白さを実感すれば、輪が広がります。

二つ目は、各グループから「話し上手な人集まって！」「体を動かすのが好きな人を一人ずつ選んで」と選抜する方法です。選出の基準が明確なので、自然な形で編成できます。

三つ目は、意図的にグループを解体する方法です。「グループで話し合ったことを他のグループに伝えてきて！」と促す方法や、ワールドカフェ方式を取り入れましょう。子どもも一人一人に役目があるので、仲良しグループのしがらみを解いた状態で活動できます。こうした場をつくり続けて「私たち」という仲間意識を拡張し、学級の全員を仲間にします。

②教師が過度に介入せずにフォロワーの成長の機会をつくる

大人しくて他者とのかかわりが苦手に見える子どもに対して、「仲の良い子を同じグループにしなければ」と過度に配慮をする必要はありません。困っているクラスメイトに声をかけてくれる子どもはいます。その動きを教師が見逃さずに、本人にはさりげなく感謝を伝え、全体へは氏名を伏せて口頭や学級通信で伝えましょう。そうすると、全体の動きを見て、手を差し伸べて支えるフォロワーが学級の中に一人、また一人と増えます。

グループ同士をつないで協働する体制をつくる

【傍観】困っている仲間を助けようとしない時

NG

助けない原因の違いを意識せずに指導する

困っている仲間を助けない原因を分析せずに一方的な指導をすると、失敗を避ける雰囲気が一層強まる

OK

ひと肌脱ぐ文化をつくって自立につなげる

失敗した仲間をさわやかに助け合う風土をつくり、必要な支援を求め、支援の要請に応える関係性をつくる

NG 助けない原因の違いを意識せずに指導する

①助けない原因を見誤ると指導の効果がない

学級で困っている子どもがいる時に、他の子どもが誰も助けない場合があります。同じ「助けない」という行為ですが、原因に目を向けると次の四つに分けられます。

- **無理解**…学級の仲間が困っていることに気付かない
- **無関心**…困っている仲間に気付いていても仲間意識がないため助けない
- **他人任せ**…困っている仲間に気付いているが、誰かが助けると考えて行動しない
- **躊躇**…仲間を助ける必要性を感じているが、他者の目を気にして行動しない

これらの原因の違いによって、教師の対応を変える必要があります。例えば、躊躇が原因の子どもに対して「どうして仲間を助けないの？　行動すべきだよ」と叱責すれば、その子は自責の念を深めます。同様の叱責を無関心の子どもに行えば、「なんで助けなければいけないの？」と疑問を抱き、教師に反発します。対応を間違えてはいけません。

②失敗を避ける雰囲気が傍観を助長する

学級が失敗を責め、嘲笑する風土になってしまうと、失敗した子どもが放っておかれるようになります。教師が「助けよう！」と呼びかけても、お互い様子見をして、特定の気の利く子だけがいつも動くことになります。しかし、その子は学級で浮くかもしれません。

また、失敗しないように助け合う動きは見られなくなります。困っていて仲間に手を差し伸べてもうまくいかない時に、手を差し伸べた側も責任を問われることを嫌がるからです。その結果、困っている人と距離を置く子どもが増えて、学級がより冷たくなります。

OK ひと肌脱ぐ文化をつくって自立につなげる

①「仕方がないなあ」と言える関係性をつくる

仲間を助けるフォロワーを増やすには、「ひと肌脱ぐ」行動を学級の文化にすることが大切です。恩着せがましい感じも悲壮感もなく、助け合うのが当たり前を目指します。

そのためには、まず困っている仲間の存在を見つけるように促します。見つけたら「仕方がないなあ」と手を差し伸べることを後押ししましょう。そうすると、子どもたちの仲間意識が学級全体に広がり、仲間とつながろうとする意識が根付きます。

②助ける行動と助けの求め方を感情と合わせて共有する

河村茂雄氏は、子どもが活動への自律性を高める指導方法として「動機付け、見通し、自己決定、意味付け・価値づけ、選択、足場づくり、支援を減らす調整、モデリング」を例示しています（河村茂雄編著『開かれた協働と学びが加速する教室』図書文化社、二〇二二年）。この中のモデリングは、「助けたいけれど躊躇する」という気持ちの子どもを後押しする効果があります。

教師がモデルとなる行動を評価し，手の差し伸べ方と助けの求め方を共有する

ある子どもが仲間を助ける行動をとった瞬間を教師が見逃さずに、上の図のように価値を評価します。評価の場面では助けた側と助けられた側に「どう感じた？」と尋ねて、行動と結果だけではなく、行動の周りにある気持ちを明らかにして共有します。そうすると助ける意義が理解され、助ける姿勢が徐々に浸透します。

もう一つ大切なのは、助けの求め方を身につけることです。自立とは、適切に力を借りながら一人で生きることだと考えます。一人だけで耐えるのではなく、他者に助けを求める方法を学ぶとともに、別の機会に誰かを助ける意識を育みましょう。

【牽制】誰も前に出たがらない時

NG

誰かが出るまでひたすら待ち続けて積極性のなさを責める

»

子ども同士が牽制し合う重苦しい状況が生まれ、仕方なくリーダー性のある子どもだけが前に出て、他の子どもは消極性を増す

OK

フォロワーによる活動の連鎖で重たい空気を変える

»

複数で前に出る経験を積み、お互いのちょっとした人助けを評価し合って、前に出るための心のハードルを下げる

NG 誰かが出るまでひたすら待ち続けて積極性のなさを責める

①責任を子ども同士で押し付け合う

学級で何かの代表を選ぶ時や教師が力を貸してほしい時、積極的に発言してほしい時などに、子どもたちが牽制し合って誰も前に出てこないことがあります。重苦しい空気が流れ、「お前行けよ」「あいつが手を挙げればいいのに」という心の声が聞こえてきそうです。しばらくして、リーダー性のある子どもが手を挙げたり、「私がします」と声を出したりすれば、他の子どもはほっとするでしょう。しかし、結果的に「困ったらリーダーが出てくれる」という流れが学級の定番になります。リーダー以外の子どもは「その他大勢」となって積極性を失います。前に出るのはいつも同じ子どもになり、役割が固定化します。

②教師は子どもに責任を押し付ける

子どもたちが誰も前に出ない時に、教師がしびれを切らして「どうして積極的に前に出ないんだ！」と叱責することがあります。気持ちはわかりますが、積極性を育てる観点からすると逆効果です。教師の顔色をうかがって行動する姿勢を植え付けてしまうからです。

そもそも、子どもたちが前に出ない雰囲気をつくった責任は、教師にあります。教師としては焦りが出る場面ではありますが、子どもに責任転嫁するべきではありません。

OK フォロワーによる活動の連鎖で重たい空気を変える

①フォロワーが仲介して前に出るハードルを下げる

赤坂真二氏は、自治的集団について「『日常的』で『全方位的な』、教師の願いに基づいた働きかけが『継続的』に保障されたときに実現する」と述べています。また、留意点として「いきなり全員達成を目指さないこと」や「あくまでも結果を全員に求めて、全員に働きかけることはしながら、教師と願いを共有し、行動してくれる子どもたちを探す」こと、「協力層」から「中間層」、「非協力層」へ支持を広げることなどを挙げています（赤坂真二『成功する自治的集団を育てる学級づくりの極意』明治図書、二〇一六年）。

赤坂氏の指摘をリーダー及びフォロワー活用の視点から捉え直すと、リーダーだけではなく、中間層からフォロワーが生まれるようにすることが大切だと考えられます。次のように前に出ることのハードルを下げましょう。

前に出る子どもがほとんどいない段階では、一人ではなく誰かと一緒に前に出ることを勧めます。まずはリーダーとフォロワーがタッグを組んで学級全員に提案や指示をする場を増やします。次に、フォロワーがリーダー以外の子どもを誘って前に出る機会をつくります。フォロワーを軸に子ども同士のつながりを太くします。中間層が協力的になれば、残すは非協力層です。フォロワーが「一緒にやってみない？」と非協力層の子どもに対して可能な範囲で協力を求めます。このように、リーダーの大きな一歩より、多くの子どもの小さな一歩を継続して学級を徐々に変え、他者に貢献する活動が連鎖するようにします。

②子ども同士が相互に承認する機会をつくる

学級で前に出て、他の誰かのために役立つ経験をすると、「面倒だけど楽しい」と実感できます。楽しさを実感しているタイミングを逃さずに、お互いの価値を承認し合う仕組みを機能させます。

例えば、「秘密の親切発見週間」を設定して、学級の誰かを助ける行動や言動をこっそりと見つけて匿名で投稿します。そうすると、子どもは「私をちゃんと見てくれている人がいる」と実感できます。**子どもたちはそれほど親しくない仲間からの評価をとても喜びます。**仲間の存在を意識することで、牽制し合う重苦しい空気を変える軽やかな風を吹かせて、前に出やすい雰囲気をつくりましょう。

ちょっとした行動を継続して，悪くなった空気を変える風を吹かせる

【無反応】リーダーに他の子どもが付いていかない時

NG

心の壁と仕組みの穴に気付かずにあきらめる

無反応の原因には感情的な問題と仕組みの欠陥があるが、その原因に目を向けないと、子どもたちの成長をあきらめてしまう

OK

子どもたちがかかわり合ってゆるやかに連帯する

全員が仲良しで協力し合うことを目指すのではなく、いざという時に手を差し伸べ合えるような「ゆるやかな連帯」を学級につくる

NG 心の壁と仕組みの穴に気付かずにあきらめる

①無反応に怒っても仕方ない

リーダーの子どもが声をかけて子ども主体で動こうとしているのに、他の子どもたちの反応が鈍いことがあります。教師としては「せっかく○○さんが努力しているのに何なんだ！」とイライラするかもしれません。イライラをぶつけても委縮するだけです。

また、リーダーの子どもは、全体の場で教師にフォローされるのを嫌がる場合があります。他の子どもから「ひいきされている」と思われる心配があるからです。怒りの感情だけでは、自治的な学級はつくることができません。

②無反応の原因には感情と仕組みの二つがある

子どもたちの反応が鈍い原因は、感情の面と仕組みの面があります。次の通りです。

- **心の壁が反応を薄くする**…信頼不足や個人的なしがらみ、利己的な意識が原因
- **仕組みの穴が反応できなくする**…目標の共有不足や活動の流れの不透明さが原因

一つ目は心の壁です。リーダーの子どもへの信頼感が弱く、協力する気がない場合があります。また、利己的だったり、自分のことで精一杯だったりすると、学級全体にかかわることなのに他人事として捉えます。全体への呼びかけが感情の壁に跳ね返されます。

無反応の原因の二つ目は、子どもたちがリーダーに協力する仕組みに穴があることです。リーダーの要請に応じて他の子どもが動く時に、ゴールやそれぞれの子どもの役割が固まっていないと、子どもたちはどうしてよいかわかりません。子ども主体の仕組みに欠陥がある状態です。その穴に引っ掛かって活動が停滞すると、力を貸したのに成果が見えずにやる気を失います。その結果、別の機会にリーダーが呼びかけても反応が薄くなります。

OK 子どもたちがかかわり合ってゆるやかに連帯する

①仲良くなくても仲間になる関係をつくる

感情の壁を乗り越えて仕組みの穴を埋めるため、ゆるやかに連帯する学級を目指します。まずは、学級の全員が仲良くならなくてもよいことを理解します。ただし、仲良くなくても仲間として力を合わせることができるようにします。

誰にでも相性はありますが、相性の悪さを理由に協力しないわけにはいきません。リーダーと相性が悪くて反応しない子どもがいる時に、教師は別の子どもがフォロワーとして間に入るように促します。フォロワーが「一緒にやろう」と後押しをして付いてきてくれると、心の壁が低くなり、壁を飛び越えてかかわり合えるようになります。

②無理のない反応や行動を一人でも多く継続する

リーダーが前に出て話をしていたら、視線を向けてうなずくだけでも助けになります。自分のことで精一杯で手を貸すのが難しい時に、仲間に「お疲れ」と声をかけるだけでも元気を与えることができます。このように学級に貢献するとは、大きな成果を残すことだけではありません。むしろ、一人でも多くの子どもが小さな貢献をたくさん行い、それを続けることが大切です。

ちょっとした反応や声かけが溢れる学級は，ゆるやかな連帯ができる

教師の役割は、反応の仕方や貢献の方法を具体化して提示することです。過去に担任をした時に助けられた行動や、今の学級でちょっとした救いになっている姿勢を言葉で伝えていきます。朝の会や帰りの会で一つずつ紹介するだけでも、年間を通せば400例を超えます。集団に貢献する方法について、具体的な子どもの姿を通して学級の全員が共通理解をできるようにしましょう。

【秘密裏】教師の見えない形でよくない動きがある時

NG

隠れる動きを叩いて潰そうとする

≫

教師のいる教室の居心地が悪くなり、子どもはいっそう陰に隠れて、そこで後ろ向きの感情を交流して発散する

OK

「その他大勢」扱いの子が日の目を見るような温かい教室にする

≫

フォロワーたちが建設的な批判を行って子ども主体の取組の質を高めることで、すべての子どもが表に出てきたい雰囲気をつくる

NG 隠れる動きを叩いて潰そうとする

①見えない所の動きは力技では解消できずに悪化する

教室の隅でコソコソと悪口を言ったり嫌がらせをしたりする動きは、対応が厄介です。放っておけば学級の雰囲気が悪くなりますが、「止めなさい」と口で言ってなくなるものではありません。

問題行動の事実をつかんで個別に指導すれば、教師のいない所でもっと陰口を叩く場合があります。また、「誰がチクったのか」と情報を提供した子どもを犯人扱いすることもあります。陰に隠れる動きは力で解消を図ると、子どもがかえって陰に潜みます。

②教室内の格差が隠れる動きを助長する

子どもが教師の見えない形でよくない動きをする時は、中心となる子どもの他に、同調する子どもたちがいます。教師から「その他大勢」のように扱われていると感じる子どもは、よくない動きに同調しやすくなります。学級で認められていないと感じて自己肯定感が低くなり、教師や学級に不満を抱くからです。

教師が子どもたちを「リーダー・手のかかる子ども・その他大勢」と分けて接し方を変

える と、教室は居心地のよい場所ではなくなります。子どもたちは、教師がいない場所で負の感情を出すことに心地よさを感じるようになってしまいます。結果的に、陰に隠れた問題が増加して、教室内の人間関係がぎくしゃくします。

OK 「その他大勢」扱いの子が日の目を見るような温かい教室にする

①建設的な批判で学級の取組の質を上げる

子どもたちが教師の見えない所でよくない行動をする場合、対策の方向性は二つです。一つは、自治のレベルを上げて、教師がいてもいなくても学級のためによい行動をすることです。もう一つは、自己肯定感を上げて、教師を含めた多くの仲間がいる場所で、自分らしさを出せる関係性をつくることです。

自己肯定感に関わって、河村茂雄氏は「健全な社会性に結びつく自己肯定感を形成するためには、他者の存在を前提とする自己有用感に裏付けられた形成の仕方が大事」と指摘しています（河村茂雄『子どもの非認知能力を育成する教師のためのソーシャル・スキル』誠信書房、二〇二一年）。学級に貢献して自己有用感を上げると、自己肯定感も上がります。

「私は学級のために役立っている」という実感は、学級で歯ごたえのある取組を成し遂げることで生まれます。ポイントになるのは、批判してくれるフォロワーの存在です。人間性を批判するわけではありません。安易に妥協せずに「もっとよい方法はないかな？」と仲間と工夫を考え続けます。いがみ合ったり裏でコソコソしたりすれば、活動の質は上がりません。批判するフォロワーの意見を生かして、教師・リーダー・フォロワー、そしてすべての子どもが協働する体制をつくり、すべての子どもの自己有用感を上げましょう。

②選択肢を増やして子どもが多様な形で学級に貢献する

学級の取組の質を上げようとすると、付いてくることができない子どもが増える心配があるかもしれません。そこで、活動に参加する頻度や参加方法、参加内容に選択肢を設けます。選択肢は教師が決めずにリーダーと相談して決め、一人一人が選べるようにします。また、参加を渋る子どもに対してはフォロワーが応援し、一緒に動くようにします。多様な形で全員が学級の取組に貢献できる仕組みと関係をつくります。学級に温かさがあれば、子どもたちは陰に隠れません。リーダーが太陽のように照らし、フォロワーが温泉のように足元から温め、時には子どもたちがたき火を囲むように語り合う学級を目指しましょう。

様々な形で学級を温かい空間にして，居心地をよくする

あとがき

子どもたちを「その他大勢」にしないために、教師として大切にしたいことについて考えてきました。本書で述べてきたことが正解なのか、自信はありません。しかし、かけがえのない存在としてすべての子どもが尊重され、よりよい学級づくりを通して自治的な力を伸ばすことをあきらめたくはありません。夢物語なのかもしれませんが、その実現に向けてほんの少しでも前進を続ける覚悟をもちつづけたいと考えています。

私はカリスマ的に子どもを引っ張るタイプではありません。担任をしていた時は、学級づくりで「もっとこうすればよかった」と何度も後悔してきました。だからこそ、子どもの力を借りることで学級づくりをしようと考えてきました。学級で一番多いのは目立たない子です。その子たちを放っておくのはもったいないことです。子どもたちの見えづらい姿に目を凝らし、教師の耳に届きづらい声に耳を傾けることを大切にしましょう。苦しい時は、無理に一人でがんばらないことです。子どもたちがいるからです。目の前のいる子どもたちを消費者にせず、一緒に学級の価値を高める生産者として力を借りましょう。

また、「普通の子」という表現がありますが、「普通の子」なんて存在しません。たくさんの子どもたちとかかわってきましたが、同じ子どもは一人もいません。同じに見えるのは、子どもの一面だけを見て同じだと決めつけてしまうからです。子どもの隠れたよさに気付き、可能性を本人以上に信じて引き出す姿勢を忘れてはいけないと思います。

さて、本書は私にとって十二冊目の単著です。一冊目からすべて担当していただいているのが、明治図書出版の大江文武さんです。「その他大勢」の子どもに注目するという変わったテーマが世の中の先生方に受け入れられるか、正直に言うとよくわかりませんでした。しかし、大江さんの先を見通したご助言とご提案、そして励ましの言葉をいただいて、自信をもって一冊の本にすることができました。いつも本当にありがとうございます。

担任の時は温泉のような学級が目標でしたが、主幹教諭になってからは温泉のような職員室、温泉のような学校を目指しています。本書を手にした先生と思いを共有し、一つでも多くの学校がぬくもりに包まれて、伸び伸びと成長できる場になることを願っています。

二〇二四年二月

川端　裕介

【著者紹介】
川端　裕介（かわばた　ゆうすけ）
現在，北海道函館市立亀田中学校に勤務。
1981年札幌市生まれ。北海道教育大学札幌校大学院教育学研究科修了（教育学修士）。函館市中学校社会科教育研究会研究部長。NIE アドバイザー。マイクロソフト認定教育イノベーター（MIEE）。社会科教育では，平成24年度法教育懸賞論文にて公益社団法人商事法務研究会賞，第64回読売教育賞にて社会科教育部門最優秀賞，第29回東書教育賞にて奨励賞などの受賞歴がある。また，学級通信を学級経営に活用し，第13回「プリントコミュニケーションひろば」にて最優秀賞・理想教育財団賞，第49回「わたしの教育記録」にて入選などの受賞歴がある。
［主な著書］
『豊富な実例ですべてがわかる！中学校クラスが輝く365日の学級通信』（2018），『川端裕介の中学校社会科授業』シリーズ（2021～2022），『教師の ON/OFF 仕事術』（2021），『学級リーダーの育て方』（2023），『図解＆フローチャートでわかる中学校社会科教材研究のすべて』（2024），いずれも明治図書出版ほか。

子どもを「その他大勢」にしない学級づくり

2024年３月初版第１刷刊　©著　者　川　端　裕　介
発行者　藤　原　光　政
発行所　明治図書出版株式会社
http://www.meijitosho.co.jp
（企画）大江文武（校正）吉田　茜
〒114-0023　東京都北区滝野川7-46-1
振替00160-5-151318　電話03(5907)6701
ご注文窓口　電話03(5907)6668

＊検印省略　組版所　長野印刷商工株式会社

Printed in Japan　ISBN978-4-18-307826-1